ドクターと教室をつなぐ医教連携の効果　第2巻

医師と教師が発達障害の子どもたちを変化させた

宮尾益知　監修
向山洋一　企画
谷　和樹　編集

学芸を未来に伝える
学芸みらい社
GAKUGEI MIRAISHA

まえがき

（一）

本書は、早くから「発達障害」の子どもへの対応を研究し、全国各地でドクターたちと長く研究会を続けてきたＴＯＳＳのメンバーが、その時々の事例報告から学び、自分の教室で実践し、効果を検証した報告の第二巻である。

学校の教師のほとんどの人が、「ＡＤＨＤ」「アスペルガー」という言葉を知らなかった時から、教育研究団体の中で、いち早く発達障害の子どもの課題に取り組み、セミナー、雑誌、出版をしてきたのがＴＯＳＳである。

子どもの中には、発達の凸凹を持った子どもたちがいて、そのことを理解して教育すれば立派な成果をあげていくのに、「叱ったり」「どなったり」「無視したり」していくと子どもの人格そのもの、子どもの人生そのものをこわしてしまうのである。

社会人として自立できない、就職できない人の原因の多くは、小、中、高の教師の無知にあるのである。その意味で、勉強しない多くの教師は、犯罪者であると私は思う。

子どもの未来を奪っているからである。

駄目な教師は、「叱ってばかりいる」「きつく叱る」「どなり散らす」「体罰をする」「無視する」教師である。こうしたことをする教師の多くは、子どもの未来をこわしてしまっている。

教師が子どもの未来を真剣に考えるなら、発達障害の子どもをきちんと理解すべきである。対応の方法を身につけるべきである。

それは、「教えて」「褒める」ことによって「やればできる」という自己肯定感、セルフエスティームを育てることである。
それに尽きると言ってよい。

（二）

第一に、発達障害の子どもたちの中には「選択的注意」ができない子がいる。教室の前面掲示が多いとそちらに注意が分散してしまう。教師の声と水槽のポンプの音が同じ音量で耳に入ってきてしまう。分かっていれば対応は簡単だ。情報をできるだけ減らせばよい。前面掲示は少なくする。水槽のポンプは切る。

第二に、「一般化・概念化」できない子もいる。「遠足の作文を書きなさい」と言われても書くことができない。バスに乗った、アスレチックのロープにぶらさがった、お弁当を食べた……、たくさんあった出来事のうち、どれが遠足なのかが分からないからだ。これも教師が理解していれば対応できる。昨日の出来事をいろいろとお話させて「その中で一番ドキドキワクワクしたところから書き始めてごらん」のように指示すればいい。

第三に、微細運動に障害を持っている子もいる。両手に軍手を二枚ずつ重ねてつけている状態だと思えばよい。とても不器用である。算数セットのブロックを数えるのも難しい。並べようと思ってもバラバラになってしまう。対策は簡単だ。ブロックを使わせなければ解決する。百玉ソロバンのように、操作しやすい教具に変えるだけで、どの子もたくさん練習できる。

（三）

ところが、分かっていない教師、勉強していない教師には、この簡単な対応ができない。その子たちが単にやる気がないように見えてしまう。「ちゃんとしなさい！」と叱りつけることになる。

叱られるのはいつも同じ子だ。毎日のように自己肯定感を砕かれ、情緒は不安定になる。いずれ高学年になれば「やってらんねーよ！」と教師の言うことを聞かなくなる。子どもの責任ではない。教師の不適切な対応が招いた二次障害だ。

できないことを叱っても意味がないのである。その子ができるだけやりやすい状態を作ってやるのが教師の仕事である。

不要な情報をできるだけ減らす。具体的にイメージできるような指示をする。その指示は端的に、短く、一時一事にする。適切な教具を使う。書けない子には赤えんぴつで薄く書いてなぞらせる。こういった一つひとつの指導法の工夫こそが大切だ。

叱るのではない。やり方を「教えて、褒める」のである。

（四）

私たちは一五年以上も前から、発達障害についての知識を全国の優れた医師たちから学んできた。それに対応するための教育技術を研究し、教材・教具も開発し、共有してきた。発達障害という概念がまだほとんどなかったころからである。

ドクターとの学習会は全国各地で今でも続いている。東京、大阪、埼玉、鳥取、茨城、愛媛、熊本、熊本、島根、長野……、いずれも定期的に実施されている。

会の持ち方は様々だ。最新の医学会で報告されている成果のレクチャーもある。教師が教室での事例を報告し、ドクターが医療の観点から知見を述べることもある。ＴＯＳＳが開発した教材の効果を検討することもある。

いずれも共通していることは、発達障害の子どもたちに関わっている優れたドクターたちが、口をそろえてＴＯＳＳの指導法や教材教具を絶賛することである。

個々の具体的な問題についても学習する。

たとえば埼玉の平岩幹男ドクターからは、乳幼児検診と就学時検診の問題について学んできた。日本には一歳半検診と三歳児検診という世界に例をみない優れた検診システムがある。そこには子どもと保護者と医師の三者が揃っている。ところがこの貴重な検診の情報が、学校の就学時検診とつながっていないのだ。これを有効に機能させるため、国会議員や大阪大学の和久田学博士とも研究会を開始している。

発達障害の子どもたちばかりを集め、全員を自立させている翔和学園でも、ドクターとの連携は欠かせないという。本書でアドバイスいただいている東京の宮尾益知ドクターは、その翔和学園に長く関わり、多くの子どもたちを変化させてきた、発達障害の子どもたちに対する治療で日本屈指の医師である。感覚統合、視知覚認知、ブレインジム、ＴＦＴなど、発達障害の子どもたちに対する多くの指導オプションも教えていただいた。

ドクターたちと長く研究会を続けてきたメンバーの活動はさらに広がりを見せ、質を高めている。全国の教室でも多くの共通項があることだろう。子どもたちに真剣に向き合っている多くの教師たちのお役に立つことと思う。

日本教育技術学会会長・ＴＯＳＳ代表

向山洋一

はじめに

医師は生涯に数千名の患者を担当するといいます。優れたドクターの頭脳には、そうした数千例の症例がいわばパターン認識されているというのです。新しい患者に接した時でも、瞬時に適切な対応が出てくるのです。本書の監修をしていただいている宮尾益知氏も、そうした優れたドクターの一人です。

教師は生涯に数千名の子どもを担当することはできません。仮に毎年四〇名のクラスを担当しても三〇年で一二〇〇名です。実際には数百名程度でしょう。しかし、ドクターと決定的に違うことがあります。

それは、教師は「集団の中の個」を相手にしているということです。

ドクターは個々のカルテに沿って治療をします。教師は「集団の教育力」を念頭に置きながら一人ひとりの子どもを見ています。

つまり、本書が紹介している取り組みは、次の「かけ算」を実現したものです。

「問題意識の高い優れた教師の授業力」×「個々の症例に強いドクターの知見」

発達障害の子どもたちに、より良い変化が現れているのは当然でしょう。

おかげさまで、本シリーズの第一巻は大変好評をいただきました。「このような本が欲しかった」「事例が具体的でドクターのアドバイスはとても納得できた」などの声を多くの方からお寄せいただきました。

第二巻の本書は医師と教師との連携がさらに全国各地に広がっている様子をレポートしました。

埼玉県では平岩幹男ドクター、茨城県では家島厚ドクター、そして島根県では神田貴行ドクターや瀬島斉ドクターがその地域の先生方の事例に医師の立場からアドバイスしています。現場のリアルな息づかいから、多くの学びが取り出せることと思います。

谷　和樹

目次

まえがき　向山洋一　3
はじめに　谷　和樹　7

医療および関係機関と連携し、現場の教育改革を推し進める　14
埼玉県秩父市立尾田蒔中学校　長谷川博之
1　就学時健診の改善策を考える学習会を開催する　14
2　健診の課題を専門医が語る　16
3　医療、行政との連携に動く　18
4　教育現場と専門医とをつなぐ　20
5　真剣な議論を重ねる　21
6　医教連携セミナーに登壇する　23
7　保育園と連携する　26
8　現場で医療等関係機関と連携する　28

指導の原則がある　33
茨城県水戸市立浜田小学校　桑原和彦
1　「神様からの宿題」～子どもたちと出会う前　33
2　驚愕の初日～学級崩壊を体験　35
3　医療との連携～家島厚ドクターへの相談　37
4　アドバルーンとの闘い～黄金の三日間で変容　40
5　アスペルガー症候群のA男との対応事例　42
6　授業開始の工夫　48

学ばない教師に、光は当たらない　52
茨城県公立小学校　井上敬悟
1　叱る三原則を徹底する　52
2　気持ちを静める手立てを打つ　54

3　得意不得意を知る　55
4　運動会　56
5　効果的なスキル　58
6　ドクターの話を実践に活かす　59

アスペルガーの子が変わったドクターからの教え　62
茨城県公立小学校　大森和行
1　小学二年生で不適応に　62
2　大人不信　62
3　連携の大切さ　69

医療との連携をアセスメントに活かし、発達障害へのこだわりを見直す　71
茨城県公立小学校　牧山誠一
1　児童の実態と支援の経緯　71
2　ドクターの診断とアドバイス　74
3　アドバイスを受けての教師の取り組み　75
4　取り組みによって子どもにどのような変化があったか　78
5　事例に対しての思いと反省　79

終わりや場面の切り替えに弱く、大声や自傷が強く出る自閉症児の指導　81
茨城県立美浦特別支援学校　河村要和
1　精神的な安定を作る　82
2　大学教授からのアドバイス　82
3　作業療法士からのアドバイス　84
4　経過とまとめ　87
5　専門家と連携することの重要さ　89

怒り出すことが多く、周りの児童ともうまく関わることの苦手なＡＳＤの子の指導　91
茨城県立美浦特別支援学校　河村要和
1　医師からのアドバイス　91
2　臨床発達心理士との相談　92
3　親の会への参加　94
4　高学年での様子　94
5　医師や専門家と連携することの重要性　95

多動で教室から出てしまい、授業を受けることが難しいＡＤＨＤの児童の指導　97
茨城県立美浦特別支援学校　河村要和
1　特別支援教育コーディネーターとの相談　97
2　父親との面談　98
3　医師との相談　98
4　連携の大切さ　99
5　理解することの大切さ　99

問題行動を抱えるＡＳＤの子が医師のアドバイスにより安定する　101
茨城県立美浦特別支援学校　河村要和
1　臨床発達心理士との相談　101
2　医師との相談　102
3　対応の変化と生徒の安定　102
4　保護者の悩みを支えていく存在が不可欠　103

「連携ノート」で肢体不自由の子の成長を促進させ、彼の世界を広げる　104
特別支援学校　富山比呂志
1　子どもの状態　104
2　ドクターおよびセラピスト（理学療法士）の具体的なアドバイス　106
3　現場での教師の取り組み　107

4　明らかな子どもの変化　110

ドクターの処方や方針が、発達障害児の成長を後押しする　115
島根県浜田市立松原小学校　中川貴如
1　目の下にクマ、鬱的な表情だったA君　115
2　周りの子どもたちの意識を変える　116
3　欠席しがちなA君への対応をドクターに確認する　118
4　鬱的な表情を軽減する方法はドクターにお願いする　120
5　ドクターの言葉で中学校に引き継ぎをする　122

すべての子どもの成長により良い環境を作る　125
島根県松江市立島根小学校　小室由希江
1　神田貴行氏の講演から学んだ「環境調整」　125
2　一九％……新年度一日目にして支援会議を開く　127
3　支援会議　128
4　新学期が始まって　130
5　文が書けない　131
6　一年を終えて　135

医教連携で女児の顔に笑顔が生まれた　138
島根県大田市立川合小学校　丸亀貴彦
1　N児の難しさ　138
2　保護者との連携の構築　140
3　サードオピニオン　142

酒井式描画指導法オリジナルシナリオで、図工が大嫌いなA君が変わったドラマ　149
島根県海士町教育委員会指導主事　坂田幸義
1　図画工作が大嫌いだったA君　149

2 神田貴行ドクターからの教え 150
3 まずは学級の実態をつかむ 151
4 パレットの使い方を丁寧に教える 152
5 酒井式描画ワークで絵の具の基本を学ばせる 153
6 酒井式オリジナルシナリオで打率一〇〇％の描画指導に挑む 156
7 教師が自分で何枚も描くことで、子どものつまずきに気づく 157
8 見本を示し、見通しとやる気を持たせる 159
9 指導は細分化するが、シンプルに 160
10 本番前にしっかり練習をさせる 161
11 苦手な人物を簡単に描かせる 163
12 人物の描写を修正する 165
13 神田ドクターと酒井先生の思想は同じ 167

書きの困難を抱えたB君が変わった 170
島根県海士町教育委員会指導主事　坂田幸義

1 字形が捉えられないB君 170
2 筆順がデタラメなB君 171
3 学び方が身についていないB君 171
4 B君の自尊感情の低さが一番の問題 172
5 神田ドクターからもらった二つのキーワード 173
6 正しい鉛筆の持ち方を教える 174
7 毎日、前学年の漢字を三つずつ空書きする 175
8 漢字の宿題は赤鉛筆指導とセットで 176
9 瀬島斉ドクターの診断 176
10 ＬＤ支援を中心に動き出す（タブレットＰＣ） 177
11 ＬＤ支援を中心に動き出す（宿題） 178
12 褒めて、褒めて、褒めまくる 179
13 漢字まとめテストで七六点！ 179

TOSS実践と医学的支援による「逆エース」Aさんの変化 182

島根県公立小学校　川畑 裕（仮名）

1 「逆エース」と呼ばれるAさんとの出会い 182
2 ドクターの助言「怒らず、褒めること」～最初の会話で褒める～ 184
3 ドクターの助言「CCQ」「CCS」「ブロークンレコードテクニック」 185
4 ブロークンレコードテクニックで、Aさんが教師の言葉を復唱するようになった 188
5 Aさんの変化と保護者からのお礼 190

家庭・医療との連携が支援の必要な子を安定させる 193

島根県公立小学校　池田愛子

1 アスペルガー症候群と診断されていたAさんとの出会い 193
2 Aさんの担任となる～向山氏の「授業の原則」が守り神 194
3 医療と連携をとる 196
4 家庭と連携する 197
5 学級を安定させる 198
6 Aさんの自作漫画冊子が届く 201
7 ドクターとの再会 201

医教連携で子どもが変化する 203

島根県松江市立古志原小学校　團野晶夫

1 発達障がいの子どもとクラスの状態 203
2 ドクターの具体的なアドバイス 207
3 アドバイスを受けての現場での教師の取り組みとS君の変化 209
4 S君が安定している時 210

あとがき　宮尾益知 212

医療および関係機関と連携し、現場の教育改革を推し進める

専門医や専門家の協力を得て、就学時健診の改革から学校での早期発見・早期対応システムづくり、個別の支援まで

埼玉県秩父市立尾田蒔中学校　長谷川博之

1　就学時健診の改善策を考える学習会を開催する

二〇一〇年七月一九日、専門医として埼玉の就学時健診に携わる平岩幹男氏を招いた緊急の学習会を開催した。全国から七〇名を超えるTOSSの有志が集うた。

学習会のテーマを「就学時健診」にしたのには意味がある。就学時健診は我々教師が、学校が、発達障害の子どもたちに関わることのできる初めての機会なのである。我々の努力で「変革」できるものなのだ。

私はML（メーリングリスト）とSNS（ソーシャル・ネットワーキング・サービス）を活用し、全国各地五〇〇を超える小学校の就学時健診の実態調査を行った。

以下の各項目について、である。

1　発達障害の対応があるかないか。
2　発見するための検査は何か。具体的に。
3　その時の保護者への対応はどんなものか。具体的に。
4　入学してすぐの学校の方針はどんなものか。
5　入学する時の担任の対応は。教室経営・教材教具の吟味など。
6　その後の学校としての継続的対応システムはあるか。
7　このようなことに関する過去の職員会議などの記録はあるか。

調査全体を貫くテーマは、

【就学時健診で発達障害の子どもを発見できるのか】
【発見後の対応（子どもへの対応、保護者への対応など）のシステムは具体的にあるのか、ないのか】

の二点であった。

担当者が述べた言葉まで、あるいは保護者の言葉まで、実例に即して具体的に報告してもらった。

たとえば、「教育委員会（以下、教委）と学校が行う」は抽象的である。

（1）教委から文書で依頼があるのか。それとも口頭か。
　どんな文書か（添付依頼）。口頭ならば、どんな依頼か。
（2）健診を行う教員の「研修」はあるのか、ないのか。

「ある」ならば、いつ、何を、どれくらい研修するのか。「ない」としたら、誰が、どんな権限で行うのか。行う「立場」は決まっているのか。それとも「その年の一年担任」のように流動的なのか。

このように、突っ込んで調べてもらったのである。

結果、特別支援教育を進める上で、この健診をどう機能させるかがきわめて重要であるにもかかわらず、九割を超える学校の調査は「適切」ではなかった。発達障害の疑いのある子どもを発見する調査として不充分、その後のシステムもなしという回答がほとんどを占めたのである。

次のことも明らかになった。

健診のシステムが市町村によってばらばらであるため、発達障害児の早期発見・早期対応を保障できない。

たとえば健診の場所だ。小学校で行う所もあれば、保育園で終えてしまう所もある。後者の場合、その情報は引き継ぎでしか伝わらない。その引き継ぎも、文書の所もあり、口頭で済ます所もある。とにかくまちまちなのである。

2 健診の課題を専門医が語る

学習会で、平岩氏は次の七点を指摘した。

（1）集団を相手に、半日で判定ができるのか。分からないことが多い。

（2）発達障害児は「非日常」に強く、就学時健診の時にはしばしば障害を見せない。健診の二時間くらいは静かにすることができるので、すり抜けてしまうケースが多い。

（3）行動やコミュニケーションは含まれていない。軽度～中等度の精神遅滞は見逃される。
（4）担当医の、発達障害の知識が乏しい場合もある。
（5）予防接種歴のチェックが甘い。
（6）保健部門・保育園の情報は、外部に流せない。
（7）健診で発達障害が疑われても、「その後」、専門医は少なく、予約が取れず、療育センターは発達障害児の個別指導に習熟していない。結果、「難民」、つまり診断のみで対応されない子どもたちが発生してしまう。

早期発見、早期対応のシステムを学校内に構築する必要がある。

と、平岩氏は述べた。「診断がおりていようといまいと、周囲の大人が適切に対応できればよい」とのことであった。

参加者からは、発見に効果のある健診項目として次の七点が挙がった。

（1）きらきら星ができる。
（2）人差し指を合わせることができる。
（3）一〇メートルまっすぐ歩くことができる。
（4）折り紙を半分に折ることができる。
（5）じゃんけんができる。
（6）左右の手を開いたり閉じたりを交互逆になるようにすることができる。
（7）しりとりができる。

これらの発言に対し、平岩氏は次の効果的な健診項目を紹介した。

五人の集団で遊ばせて、一五分間観察すること。

じゃんけんやしりとりなどの集団遊びをさせるのである。コミュニケーションの力が如実に分かる。ただし、これには時間がかかる。ゆえに、効果があるのに採用はされない。

また、実施する側に必要な研修等がない。皆、素人である。ゆえに簡単な視力、聴力検査等のみで終えてしまう所が多い。

結果、多くの発達障害児はスルーされてしまう。そして、中学年以上になり、二次障害が生じて初めて、問題視される。

こういう事態が、日本中で起きている。就学時健診については「発達障害への対応委員会」でも議論していくことになっているのである。

3 医療、行政との連携に動く

この学習会後、平岩氏から、日本小児保健協会が主催する市民公開セミナーで講座を持つことを依頼された。平岩氏が自閉症の総論を話し、国立特別支援教育総合研究所の小澤至賢主任研究員が自閉症療育のトレンドを話し、個別療育のセラピストである、ますながりさ氏が自閉症療育の実際を話し、保護者である末吉景子さん（『えっくんと自閉症――ABAアメリカ早期療育の記録』の著者）が体験談を話す。私には「就学準備あるいは学校生活での留意点などについて四〇分間で話せ」とのことだった。

その平岩氏から、別の仕事の依頼も来た。日本小児科学会、日本小児保健協会、日本小児科医会が連合で「発達障害への対応委員会」を作る。その委員会に小児科医だけではなく、研究者や保育園、学校の代表も入れることを検討しており、私にも委員に就任せよとのことである。
もちろん、両方とも快諾した。
子どもを医療につなげ、発達障害の診断がおりても、ドクターや機関が療育できるのは月に一度、数カ月に一度くらいである。
一方で我々教員は、子どもに毎日関わることができる。子ども一人ひとりを適切な対応で教え育み、自己肯定感を回復させ、彼らの社会的困難を取り除き、自立させていくのは我々教員の仕事である。
学校が、彼らに力をつけるのだ。その現場で働く一人として、大いに働こうと考え、承諾したのである。
その委員会であるが、委員は以下である。
平岩幹男氏（医師：日本小児保健協会常任理事）
秋山千枝子氏（医師：日本小児科医会理事）
竹内義博氏（医師：日本小児科学会理事）
宮島佑氏（医師：東京医科大学講師）
小枝達也氏（医師：鳥取大学教授）
神尾陽子氏（医師：国立精神・神経医療研究センター　児童・思春期精神保健研究部部長）
小澤至賢氏（研究者：国立特別支援教育総合研究所主任研究員）
宍戸恵美子氏（研究者：国立共同研究機構生理学研究所神経シグナル伝達部門）
並木由美江氏（看護師：全国保育園保健師看護師連絡会会長）
そして、長谷川である。のちに東京大学医学部附属病院小児科の岡明教授も委員となった。
この会は「自閉症やＡＤＨＤ（注意欠如・多動性障害）、学習障害も含めて、広く発達障害について幼児期から思春期も含めて対応を話し合う場」である。初回から、宮島氏からのＡＤＨＤの最新動向、宍戸氏からの自閉症への対応の研究最前線、小枝氏からのディスレクシア（難読症）発見・教育システム提案等、きわめて具体的かつ重要な議題が相次ぐ。

この委員会に集うドクターは、「三者協」（日本小児科医会、日本小児科学会、日本小児保健協会）の理事、代表たちだ。この委員会の提言が、各組織を動かすことにつながる。

私は初等中等教育現場からのただ一人の参加者である。自分が為すべきは、医療と教育現場、そして行政をつなぐことである。

現在進行形で児童生徒への対応に苦しんでいる学校現場に正対する方策を練り、形にしていきたいと強く願う。

4　教育現場と専門医とをつなぐ

第三回会議では、私が「教育現場での発達障害への対応」についてミニレクチャーを行った。私はＮＨＫのＥＴＶ特集「輝け二十八の瞳～学び合い　支えあう教室～」の映像を示し、意見を求めた。その映像では、子ども同士の学び合いで授業が展開される。勉強の得意な子が苦手な子に教える。答えを教わった子が、担任にどなりつけられる映像がある。

「ひどいね」「ありえないね」

ため息が聞こえた。

「今の時期、学校公開している場に行くと、こういう授業が少なくないよ」

「今日は外来をやったのだけど、今日来たのは小学校二年生で、高機能自閉症で、知的には会話能力はまったく正常。だけど読み書き障害があって、算数障害がある。それで通常学級にいる。それで、この映像と似たような状況になって、先生にどなられて、『支援学級に行け』と言われた。支援学級に行けば解決する問題じゃないということで、一時間くらいやってきた」

「『学び合い』というと、先生が手抜きしているに過ぎないようなのが実際にあります。埼玉でもそうです」

「発達障害の子には意味がない」

専門医たちのコメントが続いた。

この後、「TOSSが大事にしている、教えて、褒める教育」の、現場での有用性と効用について話した。そして、授業と、学級活動の映像を示した。

座長の平岩氏から、「すごいね。これが事実だよね」「発達障害の子どもを確実に伸ばしている」「でも先生方、これはジャパンスタンダードではないからね。教育界の異端だからね」「TOSSの先生方は熱心なんだ。だから僕も呼ばれると出向くんだ」

等の発言があった。

竹内副委員長からは、「人的環境を整えること、大賛成です。学校が立ち直る、そのために模擬授業研修や特別支援の学習会をして、およそどれくらいの期間がかかりましたか」等の質問をもらった。

神尾氏からも「素晴らしいのに、どうして広まらないの。教育界はどういう構造なの。教えて褒める、まっとうな教育です」等の発言があった。

私は、学校現場における発達障害の子どもたちへの対応の実態をさらに広く深くレポートすることを約束した。

5　真剣な議論を重ねる

第四回委員会では、乳幼児健診、三歳児健診、五歳児健診の実態と課題について、各分野のエキスパートが熱い議論を戦わせた。

会議の一部を議事録から紹介する。

(1)「乳幼児健診の課題」

乳幼児健診の目的は発達障害児の早期発見と児童虐待の早期発見が今日的課題となっている。健診では様々な面から評価しているが、乳児期にばらつきのある運動発達も一歳六カ月ころから収束してくる。しかし社会的発達のばらつきについては今後の検討が必要である。障害を発見した場合にどのようにフォローするかも重要な課題であり、三鷹市におけるフォローを紹介した。五歳児健診については試行として行ったが、まだまだ参加する小児科医が少なく、全体への広がりができているとは言えない。乳幼児期に保護者が感じる育てにくさへの対応も三鷹市ではリーフレットを作るなどしているが、十分に活用されているとは言えない。一歳半健診におけるM－CHAT（自閉症の行動チェックリスト）については、外来で行った限りでは自閉症児の発見にはつながらなかった。これについては神尾委員より、コミュニティベースの検討ではM－CHATを用いることにより適切に発見されており、今回の秋山委員の検討では母集団が少ないことから妥当性の検討は困難であるという意見が出された。発達障害や虐待対応を目的とした医師が行う乳幼児健診については、具体的な手法も含めて多くの課題があり、その検討が必要と考えられる。

(2)「乳幼児健診と発達障害」

実際に乳幼児健診の場では、発達障害が疑われても、診断という形でレッテルだけを貼られて対応がなされていない場合が少なくない。そうした子どもたちの保護者の一部は正確な診断や適切な対応を求めて「難民」化しているという現状がある。特に発達障害では外から見ただけでは分からないので、社会における理解の不足もあいまってそうした事態にしばしば遭遇する。M－CHATについてもコミュニティベースでのデータは出てきつつあるがクリニックベースのデータはない。自閉症の診断についてはまだまだ問題が多い。

M－CHATをめぐる議論の中で、神尾委員からは、これにより五歳までのフォローでは五〇％がヒットすること、保護者が気づく前からの介入も可能であることが述べられた。これに対して小枝委員からは「保護者の気づき」が重要であり、それが介入の契機となるべきであるという意見が出された。この問題は、コミュニティベースでの調査と実際のクリニックでの外来対応とは必ずしも同じではないこと、高機能自閉症児の発見や介入とカナー型自閉症の発見や対応は同じではないこと、利用できる社会資源が地域によって同じではないこと、対応すべき社会資源の位置づけが明確ではないことなどの問題点があることによって、簡単に結論が出る問題ではなく、今後も議論が必要であると思われる。並木委員よりM－CHATのチェックを保育園で行っていることなどの意見も述べられた。小枝委員より学校保健安全法の改正により学校現場での対応が必要となったこと、したがって対応が急務であることが述べられ、これについては今後、検討課題とすることとなった。

議論のための議論でなく、日本医師会への提言など具体的な動きを作り出す場だから、大変やり甲斐がある。

6 医教連携セミナーに登壇する

二〇一一年一〇月一日、厚生労働省後援、日本小児保健協会主催の「市民公開セミナー」で講座を待った。埼玉の、医教連携セミナーである。

共に研究を進めている平岩幹男ドクターから命じられたテーマは、「自閉症を抱える子どもの就学準備と学校生活」。当日、会場には二〇〇名を超える参加者があった。医療関係者、看護師、保育士、行政、NPO団体、保護者等だ。

私に与えられた時間は四〇分。三つの話題を用意した。だが、会場に入り参加者の様子を見て、一つに絞った。参加者の多くが、保健師や看護師、保育士だったからだ。

何に話題を絞ったか。

授業である。

授業の原則十カ条の説明と、子どもたちの姿の描写。「これならば、参加者が現場に戻って活きる知識となる」。そう確信したのである。

教育現場のありのままの事実を知ってほしい。

そのための第一が、授業の事実を示すことだと考えたのだ。

挨拶から始め、TOSSの実践と研究と教材を前面に押し出して話をした。四〇分の講座、直後のシンポジウムが終わると、次から次へと人が押し寄せた。二〇名以上が列をなした。保護者からの相談が半分。そして、仕事の相談が半分だった。

まず、赤十字から、翌年（二〇一二年）一〇月に開催するシンポジウムへの登壇を命じられた。

次に、ＡＢＡ（応用行動分析）の専門家である、ますながりさ氏による、部下へのコーチングの場を参観することになった。

埼玉県立小児医療センターの保健発達部副部長からは、「若手と卒業生を、先生の勉強会に出席させて学ばせたい」との話があり、勉強会を開催することが決まった。東京大学名誉教授であり日本子ども家庭総合研究所副所長（現・所長）の衞藤隆氏からも勉強会の誘いがあった。ＮＰＯ法人つみきの会の方々とも、ＡＢＡや自閉症療育教材について話し合う場をと言われた。

ほか、東京都東村山市の小学校、埼玉県立大宮北特別支援学校、埼玉県立上尾高校からは校内研修講師の依頼を受けた。当初の予想通り、この講演を通して、新たな連携の道、新たな実践の道が拓かれた。行動に行動をつないで、強靭なネットワークを構築する。

セミナー後、『さいたま小児保健』誌に以下の文章を綴った。

通常学級にいる発達障害の生徒、境界知能の生徒を教え育む腕を鍛えるべく、全国各地のドクターたちとの学習会を始めて一〇年になる。私たち教師が一〇〇〜二〇〇名ほど集い、教師相手の授業をする。それをドクターが参観し、指導を受ける。これが学習会の基本型である。「今の発問は、何を答えさせたいのか」「今のは指示内容が三つ入っているから、子どもたちには入らない」。たとえばこのような指導を受けるのである。院内学級や学校介入（学校を訪問し、発達障害児のスクリーニングなどを行う活動）で実際に子どもたちに教えているドクターの指摘は核心を突くものである。私たちは授業のプロであるが、ドクターの知見を学び、それを教室におろしていくことでさらに授業が良くなり、生徒の力を伸ばすことができるようになった。

学校の教育の中で、中心は授業である。一日八時間学校にいて、そのうち六時間は授業なのである。この六時間で生徒の自尊感情を育てずして、どこをどういじってみても生徒は成長しない。中学校現場には、小学校の時に学級崩壊、あるいは授業崩壊、あるいは不登校・引きこもり、非行問題行動を起こした子どもたちが複数入ってくる。その子どもたちは例外なくセルフエスティーム（自己肯定感）が低い。人生そのものを斜めに見ている。

その子どもたちを授業で活躍させる。学力を保証する。「今日も楽しかったな」「先生、今日の国語の授業、面白かったよ、できたよ、国語が好きだよ」と生徒たちが思えるような授業をする。そのために教育研究団体ＴＯＳＳ代表の向山洋一氏が提唱した「授業の原則十カ条」を学び、実践する。そこから始めた。趣意説明、一時に一事、簡明、全員、所時物、細分化、空白禁止、確認、個別評定、激励の十カ条である。この十カ条を実際の授業の場で形にするために、教師同士の「模擬授業研修」を始めた。全国の実践家による優れた授業を紹介し、優れた教材教具の使い方の実演もした。七年前のことである。

学期に一回ずつすべての教師が模擬授業をし、協議をする。この研修と並行して特別支援教育の研修も年に二回ずつ行ってきた。そのような蓄積があり、今年の非行問題行動は四月に一件のみ。エスケープ（授業からの抜け出し）はほとんど無し。まったく学校に来られない生徒はゼロとなった。そこに必要なのはどなる、叱責する、時には手を出すような従来の「力の生徒指導」ではない。特別支援教育である。力の生徒指導とは異なり、特別支援教育に即効性はない。一滴一滴、スポンジに水をしみ込ませていくような日々である。教えて、褒めて、できないことは教える。できるまで教える。その積み重ねである。即効性はないが、目の前の生徒の一生をつくっていく指導である。

入学してきたすべての生徒にどう対応し、いかに伸ばすか。どれだけ自尊感情を高めた状態で卒業させるか。今後もさらに足もとを固め、全国の教師に問題提起をしていきたい。

二〇一二年一〇月二七日（土）には、小児保健協会主催の学会にて七〇〇名を相手に講演を行い、翌二〇一三年もご依頼をいただいた。

7　保育園と連携する

二〇一二年九月一日（土）。埼玉県保育園保健職連絡会主催の研修会で二時間半にわたり講座を務めた。参加者は園長先生、看護師さん、保育士さんであった。

私は話のテーマを二つに絞った。一つは発達障害への対応、もう一つが「授業の腕をあげる法則」である。なぜこの二点か。まず、保育現場でも発達障害児への対応に苦心しているであろうことがはっきりと予想できたからである。特性と、対応する技術を知らなければ、愛情がいくらあっても成果をあげることはできない。

次に、「授業の原則十カ条」は、「教え育てる」職業に就いている者であれば必須の知識であり、身につけるべき技術だからである。

ただし、これらを二時間半ぶっ通しで喋り倒して、ついてこられる参加者がどれだけいるか、という問題がある。

ゆえに、次の二つの方策をとった。一つは、六〇分と五〇分の二パーツに分け、合間に休憩を挟むことである。二つめは、前半六〇分をさらに小さなパーツに分けたことである。同行したサークルメンバーにそれぞれ一〇分程度のミニ講座を持たせ、それぞれの講座に途中で介入し、趣意等の解説をした。「授業の原則十カ条」「発達障害への対応」、この二つの視点から解説をし、教材の価値や、発問・指示・説明等、教授行為の意義を明らかにしていったのである。そして、後半五〇分は私の話である。話であるが、授業として行った。「授業の原則十カ条」の授業である。

講座スタート直後から参加者の反応が目に見えて変わり、歓声が大きくなっていくのを興味深く眺めた。講座の結果、二〇セット新たに用意した東京教育技術研究所の『発達障がい児本人の訴え――龍馬くんの6年間』が一九セット売れた。また、『授業の腕をあげる法則』（向山洋一著）の購入希望者が一〇名を超えた。

そして、五つの保育園から園内研修講師の依頼が来た。保育園・幼稚園の先生方との「合同学習会」の開催も決定した。全国保育園保健師看護師連絡会の並木由美江会長は、「私たちの活動から、小中学校と保育園・幼稚園との意味のある連携が広まっていくといいです」と力を込めて語った。

学校現場でがんばるのはもちろんのこと、医療、幼稚園や保育園との連携にも進んで取り組むのがよい。子どもの幸せにつながるからである。

このあと、二〇一三年八月末のこの会にも登壇することが決定。埼玉県越谷市、神奈川県小田原市の保育園連合会からも講演の依頼が届き、連携を確かなものにしていくチャンスをいただいた。

8　現場で医療等関係機関と連携する

ある年の一月、ある中学校の職員室が拍手でわいた。

一学期に私が医療につなげ、アスペルガー&場面緘黙（特定の場面で発話できない状態）の診断を受けた中一女子生徒についてである。

小学校六年の時、勤務校の相談員と臨床心理士が授業参観に行った。彼女は授業中、ずっと震えていた。頭には円形脱毛症があった。

生徒指導主任として、また、特別支援教育コーディネーターとして、春休みから職員向けの「準備講座」を開いた。

「発話を強制しないこと」「不安を取り除く環境を作ること」

この二点を、各教科、各教師が具体的に努力していくことを話した。

中学に入学しても、教室での発話はなかった。話しかけられても、目をぎょろぎょろ、肩をびくびくさせ、あとずさってしまう。

入学式の日、上履きの紐を結べなかった。私が一緒に結んだ。ジャージに着替えるのに一五分程度かかった。友達が手伝ってやっと、休み時間終了ぎりぎりに移動し始めることができる状態だった。

小学校入学から今まで、給食を一口も食べなかった。家庭科で調理実習をしても、総合で郷土食を作っても、一口も食べなかった。

その子が、一月最終週、初めて給食を口にした。三口。義務教育七年目の終わり近くで、初めて、給食を食べた。教室中がわいた。報告を聞いた職員も、拍手でわいた。皆、心から喜んだ。

変化の要因の一つが、自尊感情の回復にあることは明らかであった。たとえば国語の授業での、成功体験と成長の自覚である。

入学当初から、国語の時間の前の休み時間は、毎回一緒に教材の準備をした。

「漢字スキル」や「名文視写スキル」で一文字書くのに、一分弱かかった。

私は「うつしまるくん」や「あかねこ中学名文視写スキル」を購入し、彼女にプレゼントした。毎日続けさせた。

最初は一五分くらいかかっていたのが、一一月には五分弱でテストを終えられるようになった。しかも初めて一〇〇点を取り、それまでは見せたことのない笑顔を見せた。

一月には四分程度まで縮まった。二月には他の生徒の終了時点プラス一分ほどで終了するまでに速度が上がった。三学期、彼女は一〇〇点を連発するようになった。声が、大きくなっていった。

彼女のために設けるこの時間、他の生徒はすることがない。空白ができてしまう。授業の緊張感が乱れる。一体感が崩れる。

空白禁止の原則に沿い、私はある簡単な工夫をした。終えた生徒に、「先生問題」を出したのだ。テスト一〇問のうちの漢字の「同訓異字」や「同音異義語」を中心に、毎回二～三問ずつ出題したのである。たったこれだけのことでも、生徒は喜んだ。

三月に上演した学年演劇でも、皆が驚きの声をあげるくらい大きな声を出した。

人間は、変わるのだ。

県内の医療センターのドクターたちとの学習会で、この事実を発表した。皆さん、驚いていた。

元小学校校長の桑原清四郎氏は涙を浮かべて喜んでくれた。終了後、「素晴らしい教育です」とドクターから声を掛けられた。

「発達障害だからしょうがない」

いまだ、多くの学校がこのレベルだ。悲しいし情けないが、それが現実だ。何とかしなければと強く思い、行動している。

「発達障害だからしかたがない」

これは明確に間違っている。不適応を生じさせなければよいのだ。そのために職員全員で研修し、目標を定め、対応していくのだ。

非行問題行動が悪化してから医療につないでも、ドクターが対応できるとは限らない。

「発達障害への対応委員会」でも話題になったが、二次障害が進行し、行為障害（反復して持続的な反社会的・攻撃的・反抗的な行動パターンを特徴とする）まで進んだ生徒は、どこの人間とも分からない医師に心を開くことはない。

対応の主体はあくまで、毎日その生徒に接してきて、これからも毎日関わっていく学校、すなわち教師なのだ。

医師はあくまでも助言者だ。

最近、保健所では「家庭では問題がないのですが、学校の先生が強く勧めるものだから」と母子で来所するケースが増加している。

勧めるのはかまわない。藁にもすがる思いなのかもしれない。

だが、せめて初回とその次くらい、教師も付いて行けと言いたい。

教師も居合わせ、一緒に話を聞く。これがきわめて重要だ。

重要だという理由はいくつかある。

一つだけ挙げるなら、保護者は医師からの話を、意識的にか無意識的にか、曲げて学校に伝える。自分たちに良いように、変える。

もちろん全員の保護者が、という話ではない。でもそういう例は確実にあり、その後、学校、保護者間でトラブルになったケースも少なくない。

教師がその場にいれば済むことだ。その場で、家庭で努力すること、学校が努力することを確認すればいいのである。

目標を共有すればよいのだ。

主体は学校なのだから、機関を紹介して終わり、機関につなげて安心、ではお粗末すぎる。責任の放棄と言われてもしかたがない。

私は医師、保健所、福祉課、家庭教育相談員、民生児童委員、児童相談所、少年サポートセンター、児童養護施設、保護観察官、保護司といった各機関の方々と常々連絡を取り合っている。

こちらがハブとなり、コーディネートする。

動く主体はあくまでこちら。その補助をしていただく。

だから、連携が続くのだ。続くだけでなく、発展するのである。そういう活動の積み重ねがあってこそ、学校は変わるのである。

監修者のコメント

教育に理解のある医師を通して、地域に根づいていくシステムを作りあげていく過程が語られています。どこでもできることだけれど、どうしたらよいか分からない過程を考えさせる連携。次はここから生まれてくる成果が見えてくれるとよいですね。

指導の原則がある

そこを拠点として様々な事象から自分の指導法を強化していくことが必要である

茨城県水戸市立浜田小学校　桑原和彦

1　「神様からの宿題」～子どもたちと出会う前

以前勤務していた学校での事例である。男性担任は、私一人。「体育主任は間違いない。おそらく五、六年担任であろう」と予想していた。担任発表は三月中にはなく、四月二日の第一回職員会議にてあった。校長からの発表は何と二年⁉　会議が進むにつれて事情を理解してきた。昨年、相当問題のある学年であったのだ（後にこれは学級崩壊だと理解）。生徒指導の引き継ぎ中、この二年生は全一六名中、一二名が生徒指導に名前が挙がっていた。

A男は特別支援通級。脳波異常があり病気持ち。薬を飲んでいる。友達とのトラブルが絶えない。殴る蹴る、奇声、飛び出しが突発的に起きる。

B男は幼く甘えん坊。授業中でもだっこ、おんぶと言ってくる。「疲れた」「やりたくない」と耐性がない。罵声、おしゃべりが絶えない。

C男は医療機関での診断を二カ月後に控えていた。昨年度かなり手を焼いた子。粘土をいじっていないと落ち着かない。おしゃべり、出歩きは通常。集団行動が苦手で集会などに参加しない、歌やレクリエーションなどしない。友達、教師を問わず口答えする。

D男は多動。罵声や徘徊、トラブル、物に当たる、散らかす、ふてくされる。

E男はC男に近い状況。さらにふてくされることが多い。

F男は乱暴。殴る蹴る、罵声のトラブルが多い。

G子は盗む癖があり。準要保護（家庭環境に問題があるということ）。恵まれていないようで同じ服を着てくることもしばしば。トラブルが多い。

H子は空想癖があり集中することが困難。話が通じないことが多く、トラブルにつながる。

I子は多動。罵声も多く男女問わずトラブルを起こす。その他三名。

「これは大変だ」と思い、前担任に様子を聞こうと思った。しかし、である。前担任はその三月に退職されていた。主な理由は聞かされていなかったが、担任中に学校を休んだり、保健室で泣かれていたという。校長、教頭、教務主任をはじめ、算数TT（ティームティーチング）や養護教諭、二年担任も教室に入って指導にあたっていたそうだ。ひどい時には一つの教室で指導できず、校長室、空き教室の三つに分けて授業をしていたこともあるという。

保護者も、授業参観の時にそのひどさに驚き、参観日以外にも自主的に教室を見に来る親も出てきた。教育委員会でも、「○○小学校の一年生は相当大変らしい」と話題にあがっていたとのこと。このような伝達を受けて、私の頭の中は困惑状態であった。そこに、教頭からの言葉。「でも良い子らだから真っ白な気持ちで接してください」とのこと。しかし具体的な指導内容がないことは肩透かしであった。

「これは神様からの宿題に違いない」と決意。すぐさま、始業式までの準備を本格的に開始した。異動したてで、学校のシステムが理解できないので後手後手に回る、滞りもあった。しかし、子どもたちのことが優先と仕事のピッチをあげた。

主にしたことは、TOSSの黄金の三日間への対応である。

子どもの名前を覚えることから始めた。指導要録や健康調査票、家庭環境調査票に目を通し、必要事項をノートに書き込んだ。教材は、単学級の特権ですべてTOSS教材を採用し注文。学年便りや教室環境の作成。特に教室内は、徹底してチェックした。ゴミ箱は前に配置。余計な掲示物ははがす。投げられそうな物を排除。教卓を窓際に移動。それからノートづくり。学級経営で子どもたちに伝えること、各教科の授業開きや教材研究をコピーしたり、書き込んだ。そして臨んだ初日は、想像以上であった。

2 驚愕の初日～学級崩壊を体験

いよいよ初日。始業式で担任発表がされたあと、子どもと対面した。式後に、子どもたちを教室に連れて行く。他学年の子から「先生、二年生大変だよ」と声を掛けられる。子どもたちは並んでついてくると思ったらとんでもない。室内履きで、通路ではない、外の道をショートカットして一目散に走り出す子が半数。教室に入ると、ランドセルや手提げ袋が教室の床中に散らかっている。とっくみあいを始める子、お絵描きを始める子、それぞれに群がり、とても緊張感などない。

笑顔を保ち、「席に着きます」と全体に言った。真面目な女子の四～五名が席に着いた。あとは知らんぷり。一人ひとり歩み寄って、席に着くように指示。これも大変。一人ずつ座らせてもまたすぐ離れる。あるいは一瞬こちらを見ても無視。すべてにおいてだが、「教師の威厳が通じない」「素直に聞かない」のだ。常識だと思う行為が伝わらない。ただただ座らせるのに、にらみも入りつつ一〇分くらいかかったのではないか。話以上に状況は悪かった。子どもたちの名前を呼び、出席をとる。覚えてきた名前を呼ぶが、返事ができない子がいる。

「あー」とか「ほーい」とか、ひどい子は「いいえ」と言ってきた。ある子どもは無気力、怠惰で「ヤダね」の連発、目が死んでいる。ある子どもは甘えん坊でベタっと私にしがみつき、こんにゃく状態。一つひとつ言い直しをさせるが、当然テンポよく行かず隙が生じる。そこをついて、私語が始まり、徘徊、机に立ち上がる、棚によじ登る、黒板への落書き……。一部の子どもの乱れではなく、全体が乱れているので集団力が働かない。正しいことが正しいと認められる雰囲気ではないのだ。ふざけているのが通常のようだ。

そんな中ではあったが、とにかく二点を伝えた。「先生はみんなに会うのがとっても楽しみでした」「学校とはの趣意説明（勉強をして賢くなる所、友だちと仲良く過ごす所）」である。しかし、ただ聞かせたという状態。すぐにそのあとが入学式であった。二年生も参列した。私は、当然、二年生の子どもの席に張り付く。一年生に向かって「死ね死ね」「ちっちぇー、だせぇ」「ばかばか」と言う子らが三名。椅子に登る、ガタガタさせる子が三名、常時おしゃべりが三名。ひたすらそばにいてなだめるが、通じない。「シー」と指を立てても、「二？三？」などと、とぼける。止めない。私は張り付いていたが手が回らず、他の先生もヘルプに来るが、沈静化するのはホンの数秒。私自身、これほど入学式を聞かないで、子どもをなだめたことはない。

式後の教室に戻ると、始業式と同じく乱れる。教務主任も教室に入り、脅すが効果は一瞬。教科書や学年便りを渡す。回し方も雑で、物を粗雑に扱っている。帰りの用意もダラダラ。きちんとしている女子数名が早く、あとは用意しようとしない。早い子に高い高いをしてあげた。すると「やって！」とやんちゃが来た。「帰りの用意が終わった子だけができます」と切り返した。駄々をこねるが、ニッコリと同じことを繰り返し伝えた。それで、若干、帰りの用意をする子が増えた。これが一日目の中で、唯一手応えのあった瞬間であった。

「大変でしたね」「男の先生が担任で舞い上がっていた」「いやーひどかったね」と先生方に声を掛けられる。これが学級崩壊なのだろうと心身共に疲れた。

3　医療との連携～家島厚ドクターへの相談

ＴＯＳＳは教師の技量を高めようという、全都道府県に存在する教師の集団だ。私が所属しているＴＯＳＳ茨城では、教育と医療との連携をはかって、子どもたちに対応していこうと研修を始めていた。その連携の相手は、茨城県立こども福祉医療センターの家島厚ドクターである。そこに、相談した。すると、職場では聞くことのできない助言を、事例を通して話していただいた。

①若い先生の事例。子どもたちに好かれようと冗談を言ったり話題のテレビの話をしたりする。言葉遣いも子どもと同じようにすることで関係を深めようとする。仲は良くなるように見えるが、教室には規律がなくなっていった。

家島氏は言う。

「教育をするにしても友達じゃ駄目なんです。やはり、親も教師も親分になってくれないと躾はできません。」

そうなのだ。子どもにこびてばかりいると躾ける、統率するということはできない。

「医療の訓練士にしても、大好きな親分でなければ駄目です。その親分になるためにはストップ、ゴー、ストップ。まずきちっと止めて、次に運動させて、それからもう一回止める。」

動き出させる指示は、割と簡単だ。しかしそれを止める指示は難しい。最後の行動まで示す指示を出さなければばならない。それも端的に、である。長くダラダラと話しても発達障害の子どもには入らない。ワーキングメモリー（作業記憶）も少ないからだ。たとえば、このような指示が必要である。「ゴミを一〇個拾います。それから席に座ります」「前跳びを一〇回跳んでから教室に戻ります」。これは教師が意識して組み立てないと難しい。このような場面で常に子どもが思考して動いたか否かを分析する経験が必要だ。

②常に多動で「次に何やるの？」と質問し続ける子がいる。教師はその子に振り回されたり、時にはイラッときたりする。

家島氏は言う。

「非常に落ち着かない子には、視覚的な手がかりをもっと入れてあげる。あとどれだけ続くのかというスケジュール。今日はこんなことをやるよとか、今は○○をやっているよ、と分かるだけでも子どもは動きやすくなる。」

聴覚情報だけでは落ち着かないということを知らなければならない。小黒板に書き出したり、予定表をクリアファイルに入れて持たせるとよい。目で見て確認できるから安定するのだ。また、終わった物を片付けさせることも重要だ。目の前には今やるべき物だけを置かせる。「トレイ」を活用するとよい。やる時にはトレイから出して、終わったらトレイを片付ける。これで安定する。以上の工夫から、子どもは自分でやったと自覚できるようになる。これが達成感なのだ。

③子どもの悪いところが目立ってくると、担任はそこを良くしたい、問題点を改善したいと焦ってしまいがちだ。そこを指導しても、結果が一番出にくいのが発達障害の子でもある。普通の子はヒントを与えてあげるとできることが多いのだが、発達障害の子では簡単にいかないことが多い。

「問題行動を解決するためにセルフエスティーム（自尊感情）を高めるのではなく、普段の日常的な行動や作業的なことといった他のところで認めてあげる、あるいは褒めてあげることができる場面で高めてあげる。これが必要です。」

一つ指導すれば一つ治るといった机上の計算通りにいくことはきわめて少ない。そう思っていても、その場面になると即時解決の方法を求めている自分がいる。子どもへの指導も総合力である。地道な言葉掛けや励ましを重ねていくこと、すぐに結果を求めない持久力も必要である（もちろん、その問題行動の原因を探ることも重要）。

④困っていることを抱え込んでしまう子がいる。子どもの相談相手の多くは「友達」である。ところが発達障害の子は相談できる友達がいないケースが多い。助けてあげる友達がいても相談は別である。

「やはり一番は、弱い子どもの心の支えになる大人——担任・スクールカウンセラー・養護の先生、そういった子どもが相談できる大人——を意識的に作ることが必要です。」

自然に任せていても解決はしない。家島氏が言うように「意識的に作る」ということが為されなければならない。校内支援委員会等で事例を挙げ、全職員が共通理解し、その上で意図的にその子と関わっていくことが大切である。

⑤「勉強なんかできなくたっていい」「別に友達と仲よくしなくてもいい」と発言する子がいる。担任も保護者もどの方向にいけばよいのか暗中模索状態。

家島氏の助言はこうだ。

「子どもの将来のことを、ちょっと考えてみてください。将来の夢を考えて、その子が何かこんなことをやってみたいという思いを拾うことがきっかけになります。」

目の前の困難も大変なのだけれども、その子の将来を一緒に考えてみる機会が必要なのである。「社会で働きたいのなら、読み書き算は必要だね」とか「野球部に入りたいのなら、友達と協力するチームワークを学ぶことが大切だね」といったことである。保護者と子どもが話し合うこと、困難な場合は担任や教育相談センター員などの第三者がいるとよい。

このような助言を聞いて、「明日からがんばっていけそう！」と希望の光が見えた。

4　アドバルーンとの闘い～黄金の三日間で変容

二日目、三日目も必死でアドバルーンに対処した。必死であった。一分一秒も見過ごせないという構えであった。

すべて「TOSS実践の原則」「家島ドクターからの助言」で、対応を繰り返していった。

知的な授業など、申し訳ないが展開できなかった。しかし、数ミリずつではあるが子どもたちは変容していった。私がした対応は次のようなものである。

①趣意説明をして取り組ませ、できたら褒める。できなければやり直させる。ちょっとでもやろうとしたら、その行為を褒める。

②無くしたい行為を無視することも、崩壊状態では問題をさらに増やすことになる。変化のある対応で対処。全体の前、あるいはその子の前で、にらむ、トントンと指で机を叩き気づかせる、隣の子を褒めるなど。

③トラブルは、まず教師が謝る。「ごめんね。A君は、本当は叩こうと思っていなかったんだけど、つい叩いちゃったんだ」。その後、本人に謝らせる。あるいは一緒に謝る。両者の場合は喧嘩両成敗。ただし素直さがないので前述の「学校とは」の趣意説明も随時必要。

④騒がしい、出歩き、おしゃべりなども、その都度その都度、趣意説明に返る。「先生ははじめの日に言いました。学校は何をする所？（勉強）そう、勉強をして賢くなる所です。今の○○ちゃんは、それをしていません。良いことですか？　悪いことですか？」……というふうに、趣意説明をする。

⑤失礼な行為は毅然とした態度で突っぱねる。「もういいや……」と心の折れる場面が多々ある。しかし、そこを奮起し毅然と対処しなければならない。子どもはまだ分からないのだ。分からないなら教えなければならない。

⑥最低限でも、今やっている行為を認め、あとは長いスパンで対処していく。椅子に座っていればよいとし、落ちている物があれば、教師が拾ってやり、教科書がめくれなければ教師がめくってやればよい。あれもこれも求めない。割り切る。

⑦休む時は休む。全校集会などの場面では休む。担当や他の教師に指導していただく。岡山県の甲本卓司氏がセミナーで言われていた。いつも面倒を見ているのだから、こんな時は他の先生、お願いしますという感じだ。

⑧笑顔を絶やさない。心が折れてくると、ついつい笑顔の消える場面に陥る。

⑨ＴＯＳＳ教材が子どもを勉強させる。この子たちが静かに取り組んだのは「暗唱直写スキル」であった。写すというシンプルな行為ときれいに書けるという事実が良い雰囲気を生み出した。熱中したのは「五色百人一首」。やんちゃしながら楽しんでいた。

⑩授業が勝負。授業をしながら、躾やルールを一つひとつ入れていく。
⑪一時一事。一つのことだけを一回に指示し、それだけを取り組ませる。一つだからできる。
⑫褒める。少しの変容をしっかりと褒める。「背筋が伸びていて素晴らしいね」「手のあげ方がきれいだね」「返事がきちんとできてえらいね」というようなちょっとしたことを短く、それでいてしっかりと褒める。

このようなことを続けた。三日目の放課後には、以前からいる先生方から次のような言葉をいただいた。

「どんな魔法をかけたのですか？　去年と全然違います」

「季節はずれの雪が降るよ。あの子たちが掃除しているなんて」

「五時間目に席に着いているなんてビックリ」

「桑原マジックだね。テンポが良いから子どもたちがのせられている」

親からも感謝の電話と手紙をもらった。TOSSの実践・医療との連携がなければあり得なかった。

5　アスペルガー症候群のA男との対応事例

三日間を過ぎてからも様々な対応に追われた。特にアスペルガー症候群のA男とはなかなかうまくいかなった。そんな中で、成功した事例を紹介する（以下、文中に出てくる児童名のA君、Bさん。Cさんは、本章冒頭で記載のA男〜I子とは対応していません）。

事例１　勝手に決めた

お店に行って何を見るか？　どんなインタビューをするか？　と班で話し合いをした。自分の考えと違う意見に決まりそうになると「いやだ。ぜったいいやだ」と突っぱねて周りを困らせた。教室から出て行こうとした。

「じゃあ、A君は何がいいの?」と聞かれても明確に答えることができず、班の子も困っていた。これは、最初に言い出した人が勝手に決めたとA君は理解したのだ。A君の頭の中では「勝手に決めるのは駄目なこと」とインプットされているので、反対しているのは、一見わがままにも見えるが、本人にとっては正当な対応をしているのである。そして、いったん彼の中で決まりかけたことについては、もう何を言おうと拒否してしまう。最初が肝心なのである。そこでどのように対応するかというと、「話し合いのフォーマットを示す」ことである。自分の意見を言わせる中で、彼が理解しないうちに「それがいい!」とか、いかにも決まりそうな話し合いにしない心がけが必要である。

(1)自分の意見の発表(質問なし)
(2)友達の意見への質問
(3)相談
(4)決定

このような手順を踏まないと、自分の意見が取り入れられないとして、パニックを起こすのだ。

事例2　抜かすことはルール違反

教室で雑巾がけをしている時に、友達が少しA君を抜かした。それを大目に見ることができずに、「駄目だよ! Bさん」と指摘する。何回も何回も注意を繰り返す。それをしつこく言い続けるので、相手も頭にきてしまい喧嘩になった。

A君は、ルールに厳密にこだわる。それに執着する。だから、周りから見て、「少しくらい……」とか「ちょっとだから……目をつぶってあげて」と思っても、許すことよりも、「抜かすことはルール違反」ということが頭の中を支配している状態なのだ。だから、いくらちょっとであっても、駄目なものは駄目なのである。

このような時は、「受容する」ことが大切である。「A君の言う通り、抜かすことはいけないよね。Bさんも分かったようだからね。注意はこれで終わろうね。A君ありがとう」と声掛けをして、相手も分かったのだとA君に理解させることで、繰り返す行為を止めさせることができる。

事例3　結果をまず伝える

意見が大きく食い違ったケースである。異学年との交流掃除の場面。上級生から、A君が掃除の仕方で注意を受けた。それに対してA君は「叱られた！」と大げさに捉え大騒ぎを始める。上級生と「そんなふうに言ってない」「言った」「言ってない」「言った」の堂々巡り。担当の先生と相手の上級生の話では、実際は大げさに言っていなかったが、A君の中で「叱られた」とインプットされると、他からどう言われても修正せずに「叱られたんだ」と主張してしまう。

大げさかどうかなど感情が絡むと理解しづらいので、次はどうすればよいか結果だけ伝えるとよい。「そんなふう」とかが理解しづらいので、本人は「言われたか言われないか」の結果を伝えたいだけでもめている。よって、相手がどれくらいの感じで伝えたかは関係がない。このような時は混乱しているので「結果から言う」ことが必要である。「A君、庭の掃除の仕方はね、こうやるんだよ。そうそう、上手だね。こんなふうに上手に掃除するやり方を、上級生のCさんはA君に教えてくれたんだね。Cさんもありがとね」

このように、事態を落ち着かせるために話を掃除に戻す。そして褒めたりお礼を述べることで叱られた感情がリセットされる。間違っても「もう〇年生なんだから、A君もちゃんと掃除しないとね」と言ってはいけない。このような言葉の中にある内容を察して理解することを苦手としているのがA君だからである。端的に、結果から伝えるように心がけると混乱しないのだ。

事例4　できないことは教える

校外学習を終え、ある施設から帰る時に、施設の方がA君に声を掛けた。「僕ね、気を付けてね」。すると、A君は「僕じゃないよ、○○君だよ」と返答。他の施設で同じ場面があった時にも「僕じゃないよ、○○君だよ」と同じく返答していた。相手は、僕の名前を知らないといった事情を汲み取ることができない。

これは常識で対応すると失敗する。知らないことなのだから教えればよいのだ。対応はこうだ。「A君、『僕はAっていいます』と言えばいいんだよ」と、教えるのだ。そうすれば理解してできるようになる。「どうして？」とか理由や原因を求めるのではなく、知らないから教えてやればよいと考える。

「男の子は自分のことをA君なんて普通言わないよ」と言っても理解できないのだ。

事例5　体育の授業場面

五校時が体育。その直前の時間が事例2で紹介した掃除であった。先述の通り、一応の収まりは見せたが、それでもA君は、ぶつぶつと文句を言っていた。そして少し憤慨した表情で体育館へやってきた。

体育館に子どもたちが集まる。私は、いつも通りの授業を始める。リズム太鼓を叩いて、「走ります」「スキップ」「ギャロップ」「うしろ走り」などテンポよく指示を出した。A君は、体育館の端っこを行ったり来たりして、指示通り素直には動いていなかった。しかし、私は詰めなかった。「A君やりなさい！」などと追い詰めることで、A君が心を閉じてしまうことになってはいけないからだ。A君自身は、先生の指示通りに動いていないことを頭では理解している、しかし気持ちがともなわず、スキップとかができないのである。できないと分かっていることを指摘されたら、余計に頭にきてしまうのだ。だから、することは一つ。

温かな視線を送り、「先生は分かっているよ」と容認する。

のである。Ａ君は、掃除の時間のＢさんのことでイライラしながらも「自分が先生の指示通りやっていないことで怒っているんじゃないかな」と気にかけているのだ。だから、それは分かっているよと、認めてあげることが教師には必要なのである。完全に教師の指示を無視しているわけではない。一応、フラフラではあるが動こうとしているのだ。完全に無視しているわけではないことは、Ａ君と目線を合わせることで分かる。Ａ君もチラチラと私を見てくるのだ。このようにＡ君と教師の間が細い糸がつながっている状態を感じられれば教師は待つことができる。

次の運動に進む。「壁にタッチして戻ってきなさい」「ジャンプして高い所に触って戻ってきなさい」と次々に指示を出す。Ａ君がやろうかなと体が動き出し始めた。この時がチャンスである。

教師が、他の子に気づかれないようにさりげなくＡ君の近くに移動する。

この指示を出したあと、子どもたちが戻ってくる場所をランダムに教師は動く。よって、子どもたちは「先生どこ?」となる。その場面を利用して、Ａ君の近くに移動するのだ。Ａ君ははじめと同様に、壁際にいる。だから、すぐタッチができる。あとは、教師の所まで走ればよいのだが、それをしない。だから、私が近づくのだ。近づいて「Ａ君?」とだけ声を掛けて、両手を差し出した。その瞬間、Ａ君はゆっくりとではあるが、軽く私の手をタッチしたのだ。私は「Ａ君一番!」とみんなに聞こえるように言った。Ａ君は、はしゃいで喜ぶことはなかったが、少し表情が和らいだ。心の中は喜んでいる様子であった。

続けて、次の指示を出す。「壁を両手で三回押してきなさい」。私は、A君から少し離れた位置に立った。するとA君が、近くの壁に行き運動を始めたのだ。そして三番目に戻ってきた。指示で組み立てる向山型体育指導は、実にシンプルだ。余計なことを考える間もない。だからこそ熱中できるのだ。A君もイライラした気持ちを忘れたのだと思う。

家島厚ドクターからは次のような助言をいただいた。

本児は頭の中で考える能力と言葉遣いに差があるので、感情的な言葉や曖昧な表現を使わず、大人に説明するように理論的に説明し、結果を伝えるようにすると理解できる。子どもが分かるように説明しようと工夫して話しても、かえって理解するまでに時間がかかり、良い方向に向かわない。

一学期の終わりごろのことだ。A男が、母親に「桑原先生はどう?」と聞かれたそうだ。すると「桑原……結構好き」と答えたという。母親が嬉しそうに私に報告してくれた。何がそうさせたのか? 先述した多くの事例の積み重ねであろう。しかし、それだけではなかった。

A男は、学年下校(学年ごとの一斉下校)では一人になる道がある。そこで、私が見送りに一〇〇メートルほど一緒に歩いていた。信号の所で別れる約束だ。別れたあと、私はA男を見送ることにしていた。A男は、五メートルも進むと振り返り手を振る。こちらも手を振り返す。それを八〇〇メートルほど離れ、A男の姿が米粒くらいにしか見えなくなるまで繰り返した。時間にして一〇分弱。下校のたびに繰り返していた。それが気に入られた要因らしい。その様子を、おばあさんがたまたま車で通って見ていた。それも「結構好き」につながったらしい。見送らずに、すぐ職員室に戻った方が仕事はできる。しかし、である。教室以外の場面でも信頼関係を深めることはあるのだ。

6 授業開始の工夫

日常の授業では、騒がしい、出歩き、おしゃべりなどが、一場面毎に繰り返されていた。「教科書を出しなさい」ざわざわ→指導。「二五ページを開きます」ざわざわ→指導。「四角一（教科書の問題番号の一番のこと）に指を置きます」ざわざわ→指導。このような状況であった。授業でのトラブルや友達とのトラブルなどへの対応は「瞬時」を求められた。その都度、流すか詰めるかを判断し、詰める時はその方法を選択した。とにかく、手立てを多く持っておき、その都度、選択して対応していた。

◆趣意説明型

「先生ははじめの日に言いました。学校は何をする所？（勉強）そう、勉強をして賢くなる所です。今の○○ちゃんは、それをしていません。良いことですか？　悪いことですか？」……というふうに、立法権を作用させる。

◆格闘型

「○○さんのしたことは、大変失礼だ。人として見逃すことはできない」。時には、その子と顔を突き合わせて（一センチメートルくらい）真剣に話す。泣き出しても「泣いても許すことはできません。それですまされると思っていたら大間違いです。○○さんに、きちんと謝りなさい」と詰める。

◆褒め型

「○○さんは偉いね。きちんと教科書を開けられる子は賢くなる。間違いない」というように、ふざけている子の隣のできている子を褒める。それで慌てて教科書を開けようとしたら褒める。しかし、ふてぶてしい場合は、効果のないことも多い。その場合は次の一手に変化する。

◆動かし型
「○○さん、立ちます。教室をぐるっと一周歩いてきなさい」。今、ふざけている行為からの分断である。体を動かすとリセット作用も働くようだ。トイレはもちろん、水飲みもオーケーとした。
◆休憩型
「全員鉛筆を置きます。手を組んで、背伸び！　高くできるかな？」
◆語り型
「昔の先生で、とっても多くの人から尊敬されていた先生で、森信三先生という先生がいてね。返事をきちんとすると勉強ができるようになると言っています……」

このように、多様な対応で機会あるごとに一つひとつ教えていく積み重ねなしには、トラブルが減ることはない。トラブルが減り出すと、良い行為が反比例して増えていく。これは「褒める」チャンスである。良い行為をすると褒められる、だから繰り返すというサイクルを教えるのだ。

また、ＴＯＳＳ教材が子どもを勉強させるのに大変有効であった。この荒れた子たちが、初めて静かに机で取り組んだ教材は「暗唱直写スキル」であった。写すというシンプルな行為ときれいに書けるという事実が、静かな雰囲気を生み出していた。写すことのみに集中できるから、他の子が気にならなくなるのだ。もちろんいきなりやらせても効果半減だったろう。

布石として、実践前に「トレーシングペーパーによる写し絵」をやらせていた。「今日の図工は、この特別な紙を使って絵を描きます。……お話をしている人にはあげません。……姿勢の悪い人にもあげません……友達とおしゃべりしている人にもあげません。……みんなきちんとしたね。では、あげます」というふうにして実践したところ、喜んでやっていた。

この布石から、暗唱直写スキル実践時も「写し紙は特別な紙なんだ」という情報がインプットされているから、丁寧に書こう、丁寧に切り離そうという意識が芽生えていた。トレーシングペーパー実践なしでは、粗雑に扱われていたに違いない。

お手本を写すという行為の大切さは向山氏も折に触れて言われている。子どもたちは、写し書きした作品を何回もニタニタして見ていた。できることは嬉しさなのだと実感しているようだった。写し出された文字は、どの子も大変立派であった。その文字を見て「○○さん、見てごらん。とっても上手に書けたね！　先生びっくりした」と褒めた。

算数の授業。単元は「くり下がりの引き算」。授業開始は、「百玉そろばん」である。休み時間に友達と口喧嘩をしていたA君。興奮していて落ち着かない様子。私は視線をチラッと送りながら、気にせず進めた。徐々に興奮もおさまってきたのか、小さい声でつぶやき始めた。百玉そろばんを使った「隠し球」という課題（目をつぶってカチッと音がした数を聞いただけで当てる）では、そっと手を挙げた。それを逃さずに指名した。小さい声で「一八」と言う。私は「正解。すごいね！　よく聞いていたね」と褒めた。視線で網をかけておき、良い行為をしたタイミングで褒めるのだ。

展開の場面では、筆算を黒板に書かせた。解く手順を教えるから、パニックにならずに解き進めることができる。基本型を示し、解き方を繰り返し言わせる向山型算数指導。子どもたちは集中し、一時間取り組んだ。出歩きもなかった。二分前に「みんなよくできたね！　今日はここまで、終わりにします」と言うと、「えー！　もっとやりたい」とか「算数かんたーん」と声があがった。

この一年、大きな事件なく終えることができた。①教育と医療の連携の大切さ、②特別支援教育の研修、③基本的な教育技術の習得、が必要であることを痛感した。どんな子もできるようにするという向山氏の言葉を支えに。

ドクター（家島厚氏）のコメント

クラスに多動のお子さんが三人いると、お互いが刺激し合い、多動でないお子さんまで巻き込むのでとても大変と聞いていた。一六名という少人数とはいえ、一二名が問題指摘され、先生の指示がほとんど通らないクラスでの桑原先生の素晴らしい実践に驚いた。

近年、子どもたちが幼児化していると言われる。一～二歳は未熟と見て、対応するにはどうしたらいいか？　先生との信頼関係ができた上でめりはりのある指示が必要で、できないことを責めるのではなく、できたことをきちんと認めて、褒めて、達成感を与え、自尊感情を高める。

桑原先生のやり方は、そのまま教科書になるような実践だと思う。桑原先生に認められ、褒めてもらった子どもたちが変わらないわけがないと思う。二～三歳のやんちゃなお子さんとやりとり関係を作る時、外来では運動遊びから始める。ヨーイドン遊びやキャッチボール遊びを親の前で実践してみせる。その時のポイントと考えているのが、「はいどうぞ」「やったね」という、ゴー・ストップの言葉である。数分後には私の子分になって、視線の合い方、間の取り方も改善している。

監修者のコメント

子どもの立場に立ってみる。そうするとどうしてそんな行動をしたのかが分かってくる。自分ならどうするか考えてみると、こうしたらいいねと伝えてあげることができる。押しつけでなく、つぶやくように。

いろいろな困ったことが起こってくる。そんな時に、その子どもに寄り添い、起こっていることを一緒に見ながら、アドバイスをする。本章にはそんなコツがちりばめられている。素晴らしい教材の事例も示されているので参考にしてほしい。

学ばない教師に、光は当たらない

安定した学級づくりのために、学び続ける

茨城県公立小学校　井上敬悟

四月から転校してきたA男、二年生。

前の学校では、一日一時間程度教室で過ごし、他の時間は、職員室にいるか、校庭でブランコに乗っていたという。

今年度も同じようなルールを通そうとするA男に対して、初日に本校のルールを伝えようとした。当然、「NO」という態度をとることが多かった。

1　叱る三原則を徹底する

四月当初。

私は今までに経験したことのない焦りに浸っていた。

A男についての詳しいことが分からなかったからである。知っていたことは、「大変な子が来る」ということで、具体的に聞いても、「授業は出ていない」「かみつく」といったことであり、それに対する良い指導方法の話はなかった。

私は、多くのことを躾けていくことより、向山洋一氏の三つの叱る原則を徹底していった。

- 命に関わる危険なことをした時。
- いじめやいじわる、人の失敗を笑った時。
- 三回言っても直そうとしない時。

この三つを繰り返し繰り返し、全員に伝えていった。

A男が暴言を吐いた時も「二回注意していますよ」と声を掛けると、最初のころは、A男から「やばっ」という声が聞こえた。しかし、切れている時には、「うっせぇーじじぃ」と暴言をはなつ行動に、学級は騒然としていた。

当初その言葉に対して、私は、大声をあげての指導を行っていた。

しかし、それはA男に対するアピールではなく、周囲の子に対するアピールであった。私が大声をあげるたびに、ほとんどの子は萎縮していた。また男子の多くは、A男の行動一つひとつに感化され、同じように騒がしくなっていった。

たとえば、A君が「めんどくさい」と言うと、周囲の男子も「たしかにめんどくさい」と口々に言うことで、学級が崩れていくことを感じた。

そこで、A男が保健室に行っている時などの不在の時に、周りの子が正常な態度で生活できるよう指導していった。

たとえば、先生は必ずみんなを守るということ。たとえば、みんなは先生にとってかけがえのない存在であること。だからA男も同じようにしていくということ。でもA男が切れてしまって、みんなに危ないことが起こる時には、先生は全力で守るということ。その際の対応の仕方についても、ことあるごとに確認していった。

A男は、前の学校の時と同じように、大声、暴言、離席を繰り返していた。

2 気持ちを静める手立てを打つ

四月中旬。

今まで学んできたことを一つずつ実践してみては、放課後に振り返る日々が続いた。

これは、個人ノートとして記録していった。

このころ効果のあった指導は、向山氏がよく話される「教室を一周させる」という方法であった。

ある日、A男は朝からイライラがとまらず、キャスターつきの教師用椅子の上におなかをのせて、ぐるぐる回っていた。その時、次のように話した。

「では、教室を一周したら、戻っていらっしゃい」

それまでのA男なら、無言でそのまま遊び続けるか「うるせぇ！」と言うか、どちらかの行動であった。

しかし、その時は、いつもとは違う雰囲気を感じ取ったようで、「分かった」と言った。

すかさず、私は「行ってらっしゃい」と声を掛けると、学級の子も「行ってらっしゃい」と、あたたかな雰囲気に包まれた。

A男は教室の外へ出て、戻ってくると笑顔で「ただいま」と言っていた。私も「おかえり」と言い、何事もなかったかのように授業に戻った。しばらくすると、A男は、「また行っていい？」と聞いてきたので、もう一回行ってきたら降りるよう伝えて認めた。A男はうれしそうに「行ってきます！」と言って出かけ、戻ってきた。

その後、一度降りたのだが、しばらくするとまた乗り始め、自分の世界に浸っていた。

この方法は、A男にとって一時的ではあったがクールダウンできたと言える。そればかりか、今まで声を掛けると目がつり上がっていたA男が、笑顔になることができた。

このころから、図工嫌いも出てきた。指先で作業するのが苦手なようで、すぐに微細運動障害を考えた。四月の初めころは、「俺、図工得意」と話していたA男だったが、工作嫌い、粘土嫌いとなり、ついに絵も描かなくなった。自分より上手な人がいるということに対するプレッシャーかもしれないが、とにかく指先を使うことを嫌っていた。しかし、友達との共同作品には、進んで取り組み、創造的な作品を創り上げていた。この時にも、しつこく声を掛けると切れてしまうことがあった。

また同時期にクールダウン用として使っていた隣の空き教室に、保健室から借用したついたてで囲んだ一角を設けた。

発達障害の子たちは暗い雰囲気を好む傾向があるということを特別支援学級の担任より聞いていたため、カーテンを閉めて薄暗い雰囲気を作り出した。

A男に伝えると、支援学級に行った時や、イライラが収まらない時には、進んで行くようになった。

時々見に行くと、特別支援学級から与えられていた点と点を結ぶとイラストが浮き出てくるプリントや、一年生のたし算や引き算を楽しく行えるプリントに夢中で取り組んでいた。A男だって、できるようになりたいのだ。その気持ちを汲み取って、支援していきたい。

3　得意不得意を知る

四月下旬。

ブランコが好きなA男は、時々トラブルになる。

たとえば、ある日の中休みのこと。

順番が待てずに、暴言を吐いていた。一度乗ったら、大人や上級生が声を掛けない限り、延々と乗り続けていた。一番大変だったのは、順番を待つのが苦痛で、ブランコの近くに設置されている柵の中に入り、ブランコとブランコの間に座り込んでしまった時である。大変危険だったので、腕をつかんでその場から遠ざけようとすると、地団駄を踏んで暴れ、わめき始めた。その日の午前中、教室には戻って来れなかった（介助員と生徒指導主事が側についていた）。

少しずつA男の得意不得意が分かるようになってきた。

図工と共に苦手なのが、音楽である。

音楽の授業は、四月最初のころに一回出てから、出ていない。音楽の時には、特別支援学級か、隣の空き教室でクールダウンすることを一日の中で一回だけ行ってもよいというルールにしていた。

特に鍵盤ハーモニカが苦手で、教室にいられない。

一つひとつ一緒にやってみても、楽器を投げ捨てるという行動を起こし、それ以来、弾いていない。

保護者は、みんなと同じように行動することを望んでいるが、昨年授業に出ていなかった代償は大きい。次いで、算数が苦手である。

一年の時の学習内容であるたし算や引き算は、ほぼできない。できないが「百玉そろばん」という教具を使って数唱を行う時は、楽しそうに取り組んでいた。この時にできたことを認め、賞賛すると少しやる気を見せるが、すぐに離席が始まる。筆算に関しては結局、落ち着いて書くことができず、テストも解けなかった。

4　運動会

五月上旬。

運動会に向けた練習が始まった。

しかし、同じことを繰り返す活動をA男は嫌った。かといって、踊りを覚えることもできなかった。体育館の中では、熱気と威圧に押しつぶされそうになり、体の一部の痛みを訴えて練習から逃げることを繰り返した。

運動場での練習でも、トイレに行くことや保健室に行くことを繰り返し、最初こそ体操着に着替えたが、一週間もすると朝は着替えが完了するのに、練習が始まる前にすぐに私服に戻るという日々が続いた。

見学時には、気になる物や気になる場所を手当たり次第さわり続け、やめることができなかった。それによる指導も多く、A男のストレスは溜まっていった。

それでも運動会前日の練習には、体操服のまま練習に参加し、なんとか当日を迎えられそうな見通しをA男に持たせることができた。

五月中旬。

保護者が見守る中、踊りは決して満足する動きではなかったが、逃げ出すこともなく一日を終えることができた。

運動会終了後、一週間ほどは落ち着いて生活していた。離席もほとんどなかった。本人曰く、「運動会をがんばったから、ゲームを買ってもらった」と上機嫌であった。一週間もすると取り上げられたようで、ゲームの話はしなくなっていた。

給食中の態度はあまり良くなく、下品な言葉を言いながら食べていた。

ひとりごとではなく、周りの子どもに対して言っていた。

保護者と連絡をとりながら対処していくと、下品な言葉は減った。

5　効果的なスキル

五月下旬。

校舎から出てしまい、道路に出ることがあった。

本校は、正門を出ると大通りがすぐ近くにある。

これまでも、校舎を出て、運動場の遊具に行くことや隣接する幼稚園の遊具で遊ぶことがあった。

この時のA男の言い分は、父の車が見えたというものだった。父は大型トラックの運転手である。窓から見えたので、見に行ったと言うのだが、真偽の程は分からない。現にその直前には、教室でのトラブルから、教卓をなぎ倒すほどの暴れっぷりであった。

四月下旬に見られたブランコでの騒動は、収まりつつあるが、中休みに戻ってこられないことが何度かあった。

その時に効果的であったのが、「○回（○分）やったら止める」というスキル

であった。

ブランコから降りられなくなっていた時があった。その時に「五分乗ったら戻ってきなさい」と指示したことがあった。最初こそ、「うそでしょ。そうやって無理矢理連れて行くんでしょ！」と大声をあげていたが、「何もしませんよ」と念を押して、実際に何もせず、「あと三分」と残りの時間だけ伝えていった。すると一分前で自分からブランコを降りることができた。しかし、ここでは褒めず、「あと一分あるんだから時間を守りなさい」と声を掛け、また乗らせた。このことがA男にとって効果があったようで、少しずつ心を開いてきたように思えた。

教室へ戻る時に、「先生、時間を守ったでしょ。A男もこれから守ってね」と言うと、頷いていた。

6 ドクターの話を実践に活かす

六月上旬。

茨城県立こども福祉医療センターのセンター長（当時）を務める家島厚氏を招いた研修会を行った。

家島氏の講座は、目から鱗の連続であった。

その中から、いくつかすぐに実践してみたところ、とても効果的であったのが次の二つである。

ある日、A男が教卓をなぎ倒すぐらい荒れたことがあった。その日は、自分の椅子も放り投げるほど、暴れていた。学級のみんなも恐がったが、それでも騒がず離れていた。私も今までならば、SOSを職員室になげかけていたが、次のように話すことでクールダウンできたのである。

「誰だって、イライラすることはありますよね。でも、イライラした時にがまんできるかどうかは大きな違いです。切れてしまっては、もったいない。」

と二回繰り返して伝えた。すると、持ち上げていた椅子を下ろすことができたのである。

この語りかけは、この日に限らず、「この前にも話したけど……」と何度も言うようにしている。

また保護者への連絡においても、良い行動は連絡帳に書き残し、良くない行動は電話連絡を心がけている。よほどのこと（命に関わることなど三つの叱る原則を破ってしまった時等）がない限り、電話連絡は控えている。家庭訪問時に、前の学校では「毎日のように電話連絡があった」という話を聞いたからである。

二つ目は、

保護者に連絡する時には、「前より良くなった」と伝える。

ということである。今までも結構頻繁に伝えていたが、研修会以降、さらに意識して伝えるようにしている。意識しているから、何度も電話で繰り返し伝えることができ、保護者も安心している様子が電話越しの声のトーンからもうかがえた。

現在、授業を受ける良好な態度も見られるようになってきた。

四月の最初は、昨年と同様の態度で、授業を受ける以前に、教室にいられないことが多かった。しかし、六月に入り、教室にはいられるようになってきた。大声、暴言、離席は相変わらずだが、脱走が少なくなってきた。

特別支援学級に行く時には、介助員の付き添いが必要であったが、介助員が休みのある日、一日を学級で過ごしたことがあった。帰りの会のあとに、A男に「特別支援学級に行かずにがんばれたね」と声を掛けると、「介助員がいなかったから行けなかったんだよ」と答えていた。やはり息を抜く場所が必要である。

今後は、受診も勧めていきたいところであるが、家島氏の「判断結果が出ても安心するのは教師だけで、親は一生面倒を見ていく」という言葉の重さを痛感した。

平成一四年度に文部科学省が、約四万人の小中学生を対象に、担任教師に対する質問の形式で、教育上の配慮を必要とする児童・生徒の全国調査を行った。その結果によると、通常学級で「知的発達に遅れはないものの学習面・行動面で著しい困難を示す」割合は六・三％と報告されている。その時の調査から、一〇年以上経過しているため、割合も増えていることと想像できる。

A男を発達障害だと決めつけることはできないが、今後もどの子にとっても安心できる授業づくり・環境づくりを心がけていきたい。

ドクター（家島厚氏）のコメント

いらいらしているお子さんは、学校でも家庭でも認めてもらっていないことが多いと感じている。先生が保護者との信頼関係を作り、家庭での無駄な叱り方を少なくすることで子どもが良くなることはよく経験する。

一方、多くの学校では、危険な行動は認められないとして当該児童を強く叱ったり、注意したり、隔離することもあると聞く。子どもがいらいらして興奮している時には、指導や叱責は子どもの中に入らない。井上先生の、あきらめることなく、見捨てることなく、愛情と一貫性を持って子どもに向き合う姿勢と実践は素晴らしいと思う。やさしくてもこわくても、一貫して自分のために指導してくれる先生は人生の師になるのだなと感じた。

監修者のコメント

子どもを、愛を持って見つめているという思いが文章にあふれている。どんな子どもでも自分を見てもらいたいし、寄り添ってほしいと思っている。こちらの真摯な気持ちが理解できると、子どもはすっと変わっていく。この過程をいつも感じています。医療も教育も同じですね。

アスペルガーの子が変わったドクターからの教え

「大好きな先生」でいることの大切さ

茨城県公立小学校　大森和行

1　小学二年生で不適応に

前任校のA君は、小学二年生、女性のベテランの先生が担任をしていた。アスペルガー症候群の診断を受けており、毎日数時間はコミュニケーションの訓練をするために情緒学級に通級していた。

A君の行動は、職員会議でもしばしば取り上げられていた。たとえば、朝の用意をまったくせずに読書を続けていること、自分に不都合なことがあると泣いてその場に突っ伏してしまうなど固まってしまい、授業や行事に参加できない場合が多いことなどである。このように、集団生活に適応できていないことは明らかであった。

三月の卒業式。在校生として参加したA君は、何が原因かは分からないが、固まってしまい、別席で支援員が対応していた。支援員の先生はA君に付きっきりで対応し、他の児童の席に無理やり戻そうとしていた。彼は戻ることなく、最後まで泣いて突っ伏したままだった。

2　大人不信

そして四月。私は三年生になった彼を担任することになった。引き継ぎでいくつかのことが分かった。一つは、家庭環境に恵まれていないということ。家庭環境が複雑で、面倒を見てくれるのは主に祖母ということだった。

もう一つは、二年生の時の担任とうまくいかなかったということ。前述のようにベテランの女性の先生だったが、それだけに、彼に「完璧を求めすぎた」という。言葉を換えれば、「他の子とまったく同じようにさせようとした」ということである。発達障害のある彼にとって、それは非常に難しいことであり、担任にとっても彼にとっても悪循環になってしまったようだ。

実際に彼を担任してみると、彼の行動のいろいろなことが分かってきた。まず、読書が好き。登校するとランドセルを背負ったまま学級文庫の棚の前へ行き、そこの床に座り込んで読書を始める。朝の会の始まる時間がきても自分から止めることはない。「A君早く用意をしなさい」と指導をしても、「うん、分かったよ」と言うだけでまったく動こうとはしない。何度も何度も注意をして初めてノソノソと動き出す。その間、他の子どもたちもざわざわしている。これでは、学級全体としても良くない。

友達とのトラブルも多かった。友達に注意されるとそこで言い争いになる。逆に友達の「悪い面」が目につきやすく、それを指摘してトラブルになることも多かった。

教師の言うことも聞かなかった。前担任との関係もうまくいっていなかったと聞いたが、完全に「大人不信」になっていた。指導をすれば、「はい、はい」と馬鹿にしたように答え、何にも行動を起こさない。時には、「何でぼくだけ？」と反抗してくる。泣きじゃくることもある。

固まってしまうことも多かった。教師から指導された時、友達とトラブルがあった時、泣いてその場を動けず、通級している情緒学級の先生に来てもらい、なだめてもらうこともしばしばだった。

そんな時、茨城県立こども福祉医療センターのドクター、家島厚先生の話をお聞きする機会があった。家島先生からは、たくさんの教えをいただいた。A君の対応に悩む私にとって大きな助け舟となった。

それまでの私の指導は、「叱って」行動を正そうというものだった。それはいわば素人同然の対応であり、家島先生からは全否定された。A君が学校でうまく適応できなかったのは、すべて担任の責任だったのだ。

ドクターからの教え　その1

大好きな先生でいること。先生は、安心できる存在でいること。対決姿勢では、何もできない。

このことは、一番大きな衝撃を受けた。

「厳しく接して彼を良くすることが教師の仕事」

私だけでなく学校全体でそんな雰囲気があった。しかし、そうではなかったのだ。教師は、彼にとって安心できる存在でなくてはならなかったのだ。家島先生は、次のお話もされていた。

「人間関係のつまずきがある場合、キーパーソンは先生。友達の中に最初から馴染ませようとするのは無理。まずは学校の中で安心できる先生がいることが大切」

それまでは、私を含め、彼に指導をするだけだった。安心できる存在どころか、不安になる存在だったかもしれない。

この話を聞いてから、とにかく、笑顔で接することにした。笑顔で接することが彼を安心させるための第一歩と考えたのだ。朝から、とにかく笑顔。少しくらいイラッときても、笑顔で話しかけた。

さらに、彼とスキンシップもとることにした。彼は大人不信である。前述のように家庭環境は複雑で、母親に甘えることはない。スキンシップをとることにより、大人不信を解消し、距離を縮めることができるのではという考えからだった。

具体的には、頭をなでたり、手をつないだりというスキンシップである。

朝、彼に会うと、「おはよう」と笑顔で近づきながら頭をなでる。廊下ですれ違った時も、一言掛けながら頭をなでる。教室移動の時は手をつないで一緒に歩く。

こうしたことを続けているうちに、今までは、どちらかというと私を避けている様子であったのに、彼の方から、私の方へ近づいて来るようになってきた。最初は、「ねえねえ、今日の体育は何やるの？」というような会話をするだけであったが、徐々に、家での出来事などを話すようになった。

また、彼の方から、スキンシップをとりにくるようにもなった。おなかを触ったり、抱きついてきたりするようになってきたのである。

私のことを「安心できる存在」と認めたのであろう。こうして私とのコミュニケーションをとれるようになってから、彼に変化が見られるようになってきた。

一つは、表情が良くなったことである。それまでは、いつも強張った表情をしたり、つまらなそうな表情をしたりしていて、笑顔を見せることが少なかったのだが、笑顔がたくさん見られるようになってきた。

表情が良くなることで、友達関係も自然に改善されるようになった。友達も自然に彼に近づくようになり、会話が増えた。彼自身も友達とコミュニケーションがとれるようになってきた。

学校中の誰もが驚いたことだが、毎日誰かしらとトラブルを起こしていた彼が、一学期が終わるころには、トラブルゼロになっていた。

教師の指導も入りやすくなってきた。たとえば朝の支度にしても、「他の子と同じように」とはいかなかったが、それでもすんなりと指導を受け入れ、行動にうつすことができるようになってきたのである。

私が大好きな先生になることで、彼は少しずつ変わっていったのである。

ドクターからの教え　その2

どこで褒めるかプロデュースし、セルフエスティームを高める。

A君とコミュニケーションをとりながら同時に行ったことは、「褒める」ことである。朝の用意が昨日より早くできたら、思い切り褒めた。友達に自分から謝れた時には、即座に思い切り褒めた。このように褒める場面をたくさん見つけようとしたが、それだけでは不十分であった。

そこで意識したのが、家島先生の言葉、「どこで褒めるかをプロデュースする」である。良いことを見つけるだけでは褒め足りない。彼のセルフエスティームを高めるためにも、褒めて褒めて褒めまくりたい。そのためには、意図的に褒める場を設定する必要があるのだ。

彼は、手伝いが大好きだった。そこで、職員室へのお使いを毎日のようにお願いすることにした。「チョークを持ってきて」「ゴミ袋を持ってきて」こうしたごくごく簡単なお使いである。しかし彼にとっては、職員室に行くのは勇気のいることであった。さらに、職員室での挨拶ができなかった場合など、他の職員から指導を受けることも考えられ、逆効果になってしまうかもしれない。そこで、毎回、挨拶の練習をさせてから職員室へ行かせた。同時に、職員室にいる先生方にも話をしておいた。これで失敗することなくお使いができる。

もちろん、教室に戻ってきたら力強く褒める。そして「明日もお願いしちゃおうかな」と、ひと言付け加える。自分は役に立っているというセルフエスティームが高まる。さらに、職員室の先生方にも褒めてもらえる。この作戦は、大成功であった。

授業の中でも、彼を褒める場を設定する必要があると感じた。やはり学校は勉強するところであり、勉強で褒められることが一番セルフエスティームを高めることになると考えたからだ。彼は、学力は低くない。さらに、弁が立つ。そこで、討論を授業に積極的に取り入れることにした。たとえば、国語の物語教材。「主人公は誰か」という討論では、彼なりに理由を考えて発言する。それだけでなく、反論もできる。「A君のように反論できる子は素晴らしい」と学級の中で褒め続けた。これを続けることで、他の教科でもやる気を見せるようになってきた。

同時に、友達からの見方も変わった。今までは、友達から「勉強ができない」「いつも叱られてばかりいる」というレッテルを貼られていた。しかし、みんなの前で褒められることにより、レッテルを剥がすことができたのである。

ドクターからの教え　その3

保護者に不安を感じさせる情報は与えすぎない。良くなったことを肯定的に伝える。

A君の家は、祖母が主に彼の面倒を見ている。A君の問題についても祖母が一人で抱えている。

今までの彼の担任は、彼の問題行動を事細かに祖母に伝えていたらしい。仕事をしながら彼の面倒を見ている祖母に、悪いところばかりを伝えていたのだ。

もちろん、現状を伝えることは教師としての責任であるが、悪いところばかり知らせるというのは、祖母はどんな気持ちだっただろう。伝えるたびに「家では、そんなことないんです」と繰り返していたという。参観日に来ることもほとんどなく、学校不信になっていったと聞いた。保護者が不安定では、絶対に子どもも安定しない。

自分が担任になり、家島先生のお話を聞いてからは、悪いことは必要以上には伝えないことにした。友達に怪我をさせてしまった時などは別だが、そのような場合以外は、良いことだけを定期的に伝えるようにした。

本来なら電話か、会って直接伝える方がいいのだが、祖母は仕事を持っていて帰りは遅い。そこで、連絡帳や一筆箋を使うことにした。特に喜ばれたのが一筆箋である。

「今からおばあちゃんにお手紙書くよ。この前、お手伝いをしてくれたよね。先生すごく嬉しかったから、おばあちゃんに伝えるね」

このように本人の前で一筆箋を書く。本人はうれしくないはずがない。祖母だってうれしい。何度か一筆箋を書いたが、そのたびに、「ありがとうございます。孫が成長していることが分かって嬉しいです」という内容の返事をいただいた。

これがきっかけで、参観日にも積極的に来てくれるようになった。学校に来ると、笑顔で挨拶をしてくれるようになった。祖母の表情が合うたびに明るくなっているのがこちらにもよく分かった。

保護者が変われば本人も変わる。家庭も明るくなったのだと思う。これが本人の明るさにもつながっていったのだ。

ドクターからの教え　その4

「もう○年生だから、急いで治さないと」と焦っては駄目。ゆっくりやっていく。

だいぶ改善が見られてきたA君だが、まだ他の子とまったく同じというわけにはいかない。学級全体の中で見た場合、やはり目立つところがたくさんある。

しかし、その時に「焦ってはいけない」という指導を受けた。教師は、どうしても他の子と同じにさせなくてはと焦ってしまう。焦るとどうしても叱ったり、どなったりしてしまう。これでは悪循環であり、元の木阿弥である。

「この子は○○○だから、まあ、いいか」

このような余裕がないといけないと家島先生は言われた。特に学年が上がれば、なおさらゆっくりやっていかないといけないということであった。

A君は、いい時もあればそうでない時もある。私も焦ってなかったといえば嘘になる。そんな時に家島先生の言葉は、私の心に余裕を生んでくれた。

焦ってはいけない。長期的な視野を持って教育に当たっていくことが大切だと痛切に感じた。

3　連携の大切さ

三月の修了式の日、A君の祖母から感謝の手紙をいただいた。三年生になって彼が変わったということ、学校が好きになったということなどがたくさん書かれていた。

もし、ドクターの教えがなかったら、我流での指導をしていたことだろう。きっと、A君の症状はさらにひどくなっていたに違いない。ドクターの教えがあったからこそ、A君に対応できた。専門家との連携がいかに大切か思い知らされた。

また、A君が通級していた通級学級の先生の存在も大きい。年配の女性の先生で、非常に勉強家の先生であった。私の話もよく聞いてくれたし、困った時にはすぐに手を差し伸べてくれた。たくさん相談にものってくれた。そして何より、通級教室が、いざという時に彼の逃げ場所になっていた。担任一人では、絶対に対応できなかった。

特別支援を要する子の指導は、担任一人ではできない。ドクターや他の先生方と連携して行っていくことが非常に大切だと感じている。

ドクター（家島厚氏）のコメント

私の話は、子どもとの信頼関係を築いて、子どもを安心させ、自尊感情を高めるような支援が必要というごく一般的な話でしたが、大森先生はそれを具体的に、丁寧に実践し、子どもとの信頼関係、保護者との信頼関係を作られました。素晴らしいと思います。

医療は悪いところを探すのが得意ですが、リハビリや教育では子どもの良いところを見つけて、良いところから伸ばしていくことが原則です。信頼関係ができあがると、多少つらい訓練も、勉強もがんばってくれます。教育も子どもの能力の弱さ、できないことを見るのではなく、良いところ、良くなったところを見て、子どもの自信と意欲を引き出していくことがとても大切だと思います。先生と子どものコラボレーションでうまくいった実践例として、他の先生方の参考になると思います。

監修者のコメント

子どもの居場所を作ってあげよう。家にも居場所がなく学校にも居場所がないならば、学校から変わっていくこと。いつも叱責されるだけの場所ではないことを示すなど、彼の居場所に作りかえる。こうしていくと学校に行くようになり、きっと家でも居場所ができていく。その子のためのそんな心の基地を作ってあげてください。

医療との連携をアセスメントに活かし、発達障害へのこだわりを見直す

多動傾向があり、衝動的で危険な行動が多かった低学年の児童が医療機関と連携した対応により行動が落ち着き成長した

茨城県公立小学校　牧山誠一

1　児童の実態と支援の経緯

(1)　児童の実態

以前、特別支援学級で担任したA児は低学年の男児である。A児は、多動傾向があり知的発達も遅れていることから、学習面・生活面共に支援を必要とする状況であった。自分の思いをうまく伝えられないと、衝動的な行動をとってしまうことがあり、友達とのトラブルが多かった。言葉遣いや態度の粗暴さだけでなく、高い所に登ったり周りを見ずに飛び出したりするなど、事故につながりかねない危険な動きをするので目が離せなかった。

就学前から、支援の必要性は指摘されていたが、保護者が医療機関に相談したことはなかった。特別支援学級での指導では、学習のきまりを教えるところから大変さがあった。着席できればよい方で、教室の物を散らかす、走り回ったり棚に登ったりする、支援学級の他の子にちょっかいを出して爪で傷を負わせる、喧嘩をする等々、落ち着いて学習できる状態ではなかった。一対一ならばまだ指導はしやすいが、少人数指導の時間に気が散って、

他の子とトラブルを起こすのが最も困ったことであった。他の児童との間についたてで仕切りを設けても動き回ってしまい、効果はなかった。また、何度言い聞かせても同じようなことを繰り返してしまい、学習習慣がなかなか身につかない状況であった。年齢相応の発話はあるが、語彙が少なく言葉での指導が理解できていないことも考えられた。

学習面では、算数で物と数字の一対一対応が理解できず、数えることの困難さが目立った。しかし、好きなキャラクターの絵を描く、ぬり絵に色を塗る、粘土やブロック遊び、パズル等の作業にはある程度取り組むことができ、その間は着席していることができた。ただ、集中は長く続かず、飽きてくると席を立って出歩き、視野に入った物を手に取って自由に遊び始めてしまうことが多かった。

交流学級（特別支援学級の児童が、普通学級に入って交流活動をすることは、とても大切な適応学習となる。よって特別支援学級に在籍する児童にとって、普通学級は交流学級という位置づけになる）では、他の児童と同じように活動することは難しい面もあったが、A児なりに集団行動に合わせようとする態度が見られ、支援学級にいる時より着席することができていた。しかし、下を向いて手遊び等をしていることが多く、一斉指導で教師の話を聞いて理解することは難しい様子であった。交流活動を含む学習や休み時間には、友達とのコミュニケーションがうまくとれずに手を出してしまうことが頻繁にあったため、担任はA児のトラブルや孤立化を防ぐように常に気を配っていた。

(2) 地域支援センターとの連携

個別でも指導が難しいため、特別支援学校にある地域支援センターの訪問指導を要請した。その時も教室の物を散らかしたりテーブルの上に登ったりと動きが激しい様子が見られた。訪問指導を担当してくれた先生の話では、

実学年よりも低い発達段階にあるため、課題を二〜三歳程度まで下げて設定し、達成感をもたせること。スケジュール表を活用して課題を意識づけること。危険行為は強制的にやめさせ、安全指導は徹底して教え込むこと。

等があげられた。また「見つめる」「ほほえむ」「話しかける」「触れる」「褒める」の「セロトニン５」と呼ばれる接し方を日常的に続けることで、情緒的な育ちが促されることを確認した。

（３）医療との連携

Ａ児に対し校内で発達検査ＷＩＳＣ－Ⅲを実施したところ、集中力が最後まで持続できず測定不能と判断される項目が多く出た。また、測定できたところの結果も全体的に低い数値であった。それを参考にしながら普段の実態も考慮してＡ児のアセスメント（見立て、査定）について教師間で話し合った。その結果、ＡＤＨＤ（注意欠陥・多動性障害）かＬＤ（学習障害）の可能性が高いのではないかという話になった。また、家庭に現状を伝えてさらに協力を求めていくべきであり、状況を改善するためには医療面からの手立てやアドバイスも必要であるという結論に至った。たとえば、ＡＤＨＤであるならば、適切な処方箋をもらうことも教育効果を高めるために有効な手立てとなる。そこで、保護者と話し合いの時間を設け、学校での実態や家庭での様子を話し合った上で医療機関を受診することを勧めた。受診を勧める上で以下の点を確認し、了解を得た。

①医師は児童と接する時間が短く普段の様子が分からないので、学校生活の実態については、担任が直接医師に伝える。

②児童の診断のために必要な資料や情報は学校から直接病院に提供する。

この了解に基づき、ＷＩＳＣ－Ⅲの検査結果や指導所見をまとめて病院に提出した。また、担当医師とは二回ほど電話でコンタクトをとり、Ａ児の学校での様子を伝えた。

2　ドクターの診断とアドバイス

(1) 診断とアドバイス

教師間のアセスメントでは、ＡＤＨＤなど、何らかの障害の診断があると仮定していた。ところが、診断名はつかなかった。認知面、情緒面、知的発達に発育の遅れが見られるものの、現時点で発達障害と診断することはできないので、児童の実態に合った指導を行いながら発育の経過を見ていきましょうとのことであった。具体的には以下のような指導を行っていくようアドバイスがあった。

①当該学年の学習内容は無理なので、二～三歳程度の内容から学習を積み上げていく。
②一度に複数の指示を出したり抽象的な表現で話したりしても理解できないので、具体的なことを一つひとつ確認しながら話をする。
③できたことをほめて意欲をもたせ、自己肯定感を高める。できたことだけでなく、やろうとしただけでも認めてほめる。
④言語コミュニケーションの未熟さがトラブルの原因となることが考えられるので、語彙を増やす指導やソーシャルスキルトレーニングを行って、言葉での表現力や対人スキルを向上させる。
⑤家庭と連携を取り、生活習慣を整えながら言葉遣いや態度の荒さを直していく。
⑥危険行為に関しては必ず制止し、いけないということをしっかり教える。

これらのアドバイスは、地域支援センターの先生からの指導とほぼ一致する。結論として、発育の遅れと生活経験の不足が不適応の原因ということで、一つひとつの指導を積み上げて発育を促すこととなった。

この医療機関との連携は長期にわたるものではなかったが、受診をしたことによりアセスメントがより明確になり指導の方向性が固まった。もし医療との連携がなければ、推測でＡＤＨＤやＬＤの疑いを先行させていたかもしれない。それに近い実態はあるにしても、発達障害が主因という捉え方は修正された。

3　アドバイスを受けての教師の取り組み

(1)　発達段階に合った学習内容

当該学年の学習内容では難しいということで、幼児レベルからの活動を設定した。Ａ児の多動性について、課題が発達段階に合っているかということを念頭に対応するようにし、動き出してしまうのは合っていないからであろうという考え方に変えていった。また、集中力が持続しないことも考慮して、短い時間での課題設定を心がけ、スケジュール表を作ってできたことにシールを貼るようにした。ただ、活動内容によってＡ児に得手不得手があったので内容は教科によって調整していった。絵を描いたり、色を塗ったり、手で作ったりする作業は興味をもって取り組むのに対し、声に出しての表現や数に関するものは苦手であった。よって、スケジュールの内容は、お絵描き、ぬり絵、粘土、パズル、ブロック、なぞり書き等が中心になった。その上でまず第一の目標は、勝手に出歩かずに着席して、スケジュールにそった作業に取り組めることとした。

(2)　児童が理解できる指示の仕方

具体的に一つずつという指示の出し方は、普通学級の児童に対しても重要な原則であるが、Ａ児に対してはさらに明確に分かりやすく話すことが必要であった。具体的には「簡単に短く言う」ということである。しかし、簡単に短く言ってもA児には分からない場合があった。きちんと目の高さを合わせて伝え、理解できたか確認していくことを心がけた。また、言葉だけでなく、絵や図、文字など視覚的に示す手立ても工夫した。そして、以前にもまして教師の声と表情を意識した。表現豊かな明るい声と笑顔で話すことは、児童の耳を傾けさせる大切な要素である。

(3) 自己肯定感を高め、やる気を引き出す

ほめること、励ますことを心がけていると、児童のあらゆる面を肯定的に捉える感覚が身についてくる。児童がスケジュール通り活動できなかったとしても、「次はがんばろう。きっとできるよ」という前向きな声掛けになる。友達とトラブルを起こしてしまった時でさえも「悪かったことは直す。絶対いい子になれるから」と励ますことができる。ましてや、一生懸命活動できた時やうまくできた時は、力強く大げさにほめるようにした。言葉だけではなく、先生はうれしいという気持ちを体中で伝えるようにした。児童の自己肯定感を高め、やる気を引き出すには、教師自身が肯定的で前向きでなければならない。特に、A児のようにほめられることよりも注意されることの方が多い児童にとっては、自分を認めてくれると感じる教師の存在は大きいはずである。

(4) コミュニケーション力を身につけさせる

A児の最も困ったことは、友達とのコミュニケーションの問題である。言葉でのやり取りなしにすぐに手を出してしまうことが多かった。たとえば、「一緒に遊ぼう」と伝えるのに首をつかんで揺さぶってしまったり、「見せて」とか「貸して」と言えば問題ないことでもいきなりひったくってしまったりと、相手の子にとっては理由もなく一方的にやられた状況で喧嘩になってしまう。さらに危険なのは、A児が力の加減ができないため、相手に怪我をさせてしまうということである。それまでの経験で、同級生の中にはA児と距離を置く雰囲気ができつ

つあった。交流学級の担任がだいぶ配慮をしていたが、A児自身が、言葉での表現やコミュニケーション力を身につけなければ、友達関係ができず集団の中で孤立してしまう可能性があった。

そこで、「ありがとう」「ごめんね」「一緒に遊ぼう」「見せて」など、相手に言う言葉の語彙を増やすことと、それを使う場面のロールプレイを行った。また、トラブルになりやすい場面を示して、どのようにすれば仲よくできるか考えさせながらソーシャルスキルトレーニングを行った。A児にとって非常に重要な学習であった。

(5) 家庭との連携

A児の保護者は学習面や友達関係を心配しており、学校との連携も積極的にとる方針であった。学校からは、日頃から連絡帳やお便りで連絡を行い、気軽に電話連絡や相談ができるように開かれた雰囲気づくりを心がけた。医療機関との連携も学校との相談の中で進めており、医師からのアドバイスにあった生活習慣を整えることを念頭に、家庭教育についてのサポートを行った。

(6) 危険行為の抑制

衝動的な行動については、対人関係と安全面に常に配慮を要することであり、きちんと躾なければならない。特に危険行為は場合によっては命に関わることにもなるので、家庭との連携も含め指導に力を入れた。具体的には、室内を走り回る、周りを見ないで飛び出す、高い所に登る、物を投げる、喧嘩をする、が主な内容である。一度に全部は指導できないので、機会を捉えて一つずつやらないことを約束し、やってしまった場合は「命を守るために先生は叱る」ということを伝えた。実際にA児が約束を破ってしまい何度か厳しく叱る場面もあったが、これはどうしても外せない躾である。「大切な君の命を守るため」というメッセージを十分に込めて指導した。

4　取り組みによって子どもにどのような変化があったか

(1)　発達段階に合った学習内容

はじめは出歩いて走り回っていた状態が、着席してスケジュールの作業を行えるようになった。学習内容としては当該学年までは及ばないが、文字を書いて表現することや音読をすることもできるようになった。何より、支援学級の他の児童が教室にいても、着席して作業ができるようになったのは大きな成長であった。

(2)　児童が理解できる指示の仕方

個別の指示で話を聞く姿勢はできてきたが、自分が担任していた時点では、一斉指導での話を聞き取るだけの集中力はまだ足りなかった。ただ、話を聞く姿勢については以前より成長したことは間違いない。

(3)　自己肯定感を高め、やる気を引き出す

心身ともに成長が見られ、できなかったことが少しずつできるようになってきた。特に、興味をもったことへの積極性がだいぶ高まった。医療機関からも話があった発育の遅れは、少しずつ追いついてきているのではないかと感じた。ただ、苦手なことに対してはあきらめてしまって意欲がもてない様子であった。また、成長にともなう変化であるが、友達関係で以前気にしていなかったことを気にするようになるなど、繊細な面も出てきた。引き続きサポートが必要な部分だった。

(4)　コミュニケーション力を身につけさせる

A児から手を出してしまう一方的なトラブルは明らかに減った。これにはA児の言葉の発達が大きく関係して

いる。自分の思いを言葉で伝えられるようになり、相手もそれに応じてやり取りが成立するようになった。語彙を増やすことやソーシャルスキルトレーニングの成果があったと考えられる。しかし、減ったといっても無くなったわけではなく、他の児童同様にやり取りの中でのトラブルが出てきた。それも、大切な経験であると考えられる。

（5）家庭との連携

家庭での生活環境は児童の成長に大きく関わっており、家庭での関わりによってA児の成長も促されてきたようである。しかし、成長にともなって新たな課題も表れており、引き続き連携を密にする必要があった。

（6）危険行為の抑制

具体的に指導していた危険行為に関して、厳しい指導はしなくてもすむようになった。多動傾向がほとんど無くなり、以前、教師間で話し合われたADHDの可能性は感じられなくなった。

5 事例に対しての思いと反省

A児の事例を振り返ってみると、医療機関への受診により、教師間で仮定していた発達障害の可能性がよい意味で覆った事例だった。数年間の児童の実態の変化に、誰もが認めるような大きな成長があったことは確かである。発達障害という診断は、児童の実態の理由付けにはなるかもしれないが、それをどのように指導に生かすかが大事であると考える。

A児が発達障害と診断されなかったことが、アセスメントを修正し、できる手立てを見直す大きなきっかけとなった。医師から示された発達を促すアドバイスは、普通学級の児童に対しても当てはまることを強調したような内容であった。発達障害があってもなくても、どの児童に対してでも支援できる教育技術や教育体制が必要な時代ではないかと考えさせられた事例であった。より適切な支援や対応をするためには、さらに教育と医療の連携が進められていくべきである。

監修者のコメント

子どもの特性を多面的にアセスメントし、その子のレベルに合わせた目標、少し努力すれば達成できる目標を作っていこう。その子に合った学習方法をとることができればもっとよい。一歩一歩の積み重ねから、目に見える進歩が生まれる。小四からは、好きなできる勉強を八〇%、不得意な勉強を二〇%の割合でやらせていくことがコツである。嫌なことが多いと、きっとやる気がなくなりますね。

終わりや場面の切り替えに弱く、大声や自傷が強く出る自閉症児の指導

医師と連携し協力していくことが、発達障害の子どもたちの人格を尊重し、成長の助けとなる

茨城県立美浦特別支援学校　河村要和

A君は、小学校四年生で特別支援学校へ転入してきた。

終わりや切り替えが苦手で、ダンスをし終えて音楽が止まった時、授業の切り替えの場面、新しく始まった活動の時など、大きな声を上げて泣いたり、自分のあごを叩いたり、それを制止しようとする相手を叩いたりすることがしばしばある。日常生活の中では、チョークや型はめのピースを口に入れてしまったり、水道の蛇口から水を口に入れて出したりするなど、感覚的な遊びを好む行動が見られる。じっとしていることが苦手で、身近にある感覚的な遊びを探して動いている印象がある。家庭では、朝の支度や着替えに関することなど、身近な指示は理解して行動することができるが、目を合わせることは少なく、自分から何かを要求する時には、相手の手をとって伝えようとするクレーン現象が多い子である。

本章では、この児童への対応について医師の助言を得て専門家のアドバイスを得ていく中で相談が進み、日常的な対応や学習の変化から、少しずつ児童の不適切な行動の改善へとつながっていった事例を紹介する。

1　精神的な安定を作る

A君はてんかんの薬を服用していたが、幼少期より、発作は出ていない。しかし、思春期に差しかかり、体の成長が増し、体の変調とともにてんかんが再発することも予想され、薬を増やすこととなった。その薬には、精神的な安定の作用もある。しかし、朝、眠り込んでしまうことも多く、薬の調整が必要となった。薬を減らしていく分、日常的な関わりの中で、精神的な安定を作ることが必要となった。医師と相談の上、他の専門家のアドバイスを得ることになった。以下は、それぞれのアドバイスの内容である。

2　大学教授からのアドバイス

A君の様子から全体像を読み取り、認知発達を高める視点からの支援の可能性を検討していく。

A君は、好きな音楽ダンスなどの活動が終わると、情緒の安定を崩してしまう場合がある。これは、始めと終わりの意識が確実ではないということである。始めと終わりが認識できるように促す課題の設定が必要である。視覚よりも聴覚の方が入力と認識が早いので、たとえば、触ると音が鳴るおもちゃなど、自分の行為で始まり、終わりが音で明確なものをまず活用し、認識させることが不可欠である。

その後に、視覚による始点と終点の段階になる。注視を鍛え、始めと終わりの分かりやすい、しかも目で確認できる教材が必要である。目で見続け、確認しなければ達成できない課題を設定し、定位の時間（じっと物を見続ける時間）をできるだけ長く保つ工夫をすることが必要である。

視覚・聴覚で「始めと終わり」が認知できると、ようやくコミュニケーション機能に働きかけることができる。始点と終点を作る関わり方としては、相手に対して、あくまでシンプルな言葉で働きかけをすることが、やり取りの成立につながると思われる。そして、相手から何らかの行為が返されること。人とのやり取りはその繰り返してある。

ここで、「褒める」という行為について考えてみる。言葉で褒めるというのは、言葉の意味が理解できないと効果が期待できない。言葉は音声記号であり、その理解は、会話がある程度成り立つレベルにならないと難しいのである。

次に、A君には物の永続性が確認されている点に着目する。簡単な予測的行為が芽生えてきている。認知が高まり、着席した学習が可能となって、視線が定まる時間が増えてくることにより、日常の行動にも変化が見えてくる。開いているドアを閉めたり、別な子が出した筆箱を元の机の中にしまったりしてしまうなど、元の位置に戻す行動が見られる。これは、予測の力が備わってきた表れである。

また、認知が育ってきて物の好き嫌いがはっきりし、相手に対する要求が強く表れてきている。周りの状況が見えるようになり、過度な要求を出し、通じないとパニックになるというパターンがひんぱんに出てくると思われる。視線が止まるようになり認知の力が上がってきた。そのために物がそこにあるという意識が強く現れ、元の位置などにもこだわりが見えてきた。そのことによって、周りが見えるようになり、周りの状況の理解が広がってきているのである。そのことは同時に、従わなければならない人と甘えられる人を明確に区別する力でもあり、母親への暴力へとつながっていると考えられる。暴力が父には向かっていない状況からも、対人認知が高まっていると言ってよいと思われる。

それでは、検証してきた全体像から指導方略を検討していくものとする。A君の指導は、

①注視を促す。
②始点・終点を理解する力を育てる。
③物の永続性・記憶の容量を上げる。

といった三つの方向性を軸にできると考えられる。

①の注視を促すには、もう少し目を使うもの、リング抜きなどの課題が必要である。色の仲間で分けるなど分別の学習よりも、きちんと同じ型へはめる学習を重視する。具体的には、曲がった針金に輪を通していく「輪抜き三方向」や、棒に輪をさしていく「リングさし」の教材などがあげられる。

②の始点・終点を理解する力を育てるには、始点・終点が切り替わる学習を取り入れていく必要がある。たとえば、部屋を取り替えることで物事が終わるように授業を設定する等、始まりと終わりのメリハリがついた関わりをしていくことが肝要である。教具としては、重い球を缶に入れて音を出す等の「入れる」という事物操作を通して、音と触覚で終わりを意識することも大切である。

③の物の永続性・記憶の容量を上げるには、カップに物を隠して位置を確かめる学習により位置記憶の容量を増やしたり、思い浮かべを繰り返して記憶量そのものに働きかけたりする。そこから弁別力の整理をすることも重要である。具体物同士、具体物と写真、絵カード、パターン弁別など、工夫を重ねていく。なお、こうした認知や弁別力の向上について、保護者がしっかりとA君の状況を正確に理解できるよう、説明する必要もある。認知の力が上がって、自我が出てきたこと、一番甘えられる存在であるお母さんに対して、より強く自我を出していること、保護者にとってA君の困った行動は、同時に彼の成長・発達の証しでもあり、動揺せず悠然とした構えでいること、あご打ちなどにも動じる必要はなく、毅然と対応することが重要だと伝えることが必要である。

3　作業療法士からのアドバイス

まず、A君のケースを考えるにあたって、大変特徴的な発語に着目する必要がある。一歳八カ月からあった発語が、二歳半で消失している。これは、幼少期に触れられることが苦手だったのではないかという仮説を導くものである。言語はコミュニケーションを作る。二歳前後の幼児が言葉を発すれば、周りの大人は喜んで声を掛け、抱き上げ、触ろうとする。その時に初期的な触覚の働きにブレーキがかからず、過剰な過敏が働いていたとするならば、言葉を発することが自分を不快に追い込むことに他ならない。したがって、自分を不快にする「言葉の発声」という行為をやめてしまったのではないかという仮説が立てられるのである。ただし、この仮説を立てるには、幼少期に触覚防衛がどのころからどのくらい出たかの情報が必要である。

次に、A君の初期の感覚の未発達さに着目してみる。バランスをとる感覚が育っていないため、姿勢が悪く、体の緊張が保てず反応の鈍さが起こっているようである。これは物の感じ方の鈍さにもつながることである。そのため自分から動いて補おうとする行為が見られるのである。もともと持っていたはずの注意の集中も足りない。目で動く物を追い続ける力の未発達もうかがえる。口に物を入れてなめ続けているのは、刺激を入れ続けている行動である。外よりも内側の感覚を楽しむ状態があると思われる。

A君にとって、「注視」の重要性がある。A君はまだ感覚遊びの段階だが、周りの物が見えてきている。ただし、物をしっかりと見て形を捉え、楽しむ段階ではないようである。見てはいるが、目が使われていないということである。型はめなどを行った場合、ピースがたくさんあると、バラバラと落として遊び始めてしまっている。注意を促し、型はめを行っても、目で確認して入れるというより、手先で入れながら、形が合うものを感触で探っているという状況が見られる。認知の発達は、触覚で探る→目で見て確認する→イメージの世界を作る、と進んでいくが、A君はまだ、触覚で探る段階から抜け出ていないということになる。今以上に、注視を促す教材教具の使用、言葉かけの指導が必要と考えられる。

さらに言うならば、A君は目と手の協応がしっかりと身についていない。小学校に在籍中は、目と手を意識して使う学習よりも、書く学習が中心だったようである。そのため、機械的に手を動かす行為は身についたものの、そこに意識と理解が働いていない。残念ながら一〇年もの間、初期に必要な学習が抜け、目と手の協応が未学習になってしまったと推測される。

物を意識できるようになると目が働くようになる。発達が初期の場合、触覚の働きのうち、反射的な行為が働いてしまう。いわゆる、かみつく、ひっかく、逃げるといった行為である。その衝動的とも言える行動を抑えて安定した行為をさせるものが識別系である。この識別系がしっかり働くことで、目の前にあるものを認識できるようになり、目で見て判断するということが可能となる。目で見て判断し、行動することが、目を働かせて生活を行うことにつながるのである。

それでは、検証してきた全体像から指導方略を検討してみる。

A君の指導に当たっては

①注視を促す。
②触覚過敏を軽減する。
③始点・終点の理解を促す。

こうした点が重要と考えられる。

まず、①「注視」の問題である。バランス感覚を働かせる刺激を入れれば、目が動き、姿勢が良くなり、見る=注視できるようになる。また、回転の刺激を与え、バランス感覚の刺激を高めていくことで、人との関わりが伸びてきた例もある。バランスをとる感覚は三半器官の働きによるものであり、回転やゆさぶりの刺激で高めることができる。具体的な指導としては、回転する椅子に乗せて回す、バランスボールで上下・左右・前後に揺らす、ブランコ、回転搭など身近な遊具が活用できる。

②の触覚過敏の軽減は、手のひらや腕をさすることから始める。さすることを受け入れられるようになると、体の過敏性が全体的に軽減されることが予想される。

③の始点と終点の理解に関してであるが、A君は、「終わらせる」ことや「切り替える」ことがとても苦手である。体を動かす活動の中でそれを行うことが必要である。たとえば、学習や活動の始めと終わりの挨拶をきちんと行う、タッチしたらもう一回など、終わりや切り替えの合図とコミュニケーションを重ね合わせるのである。あまり机上学習にとらわれず、逆に鉄棒やジャングルジムといった遊具での活動にコミュニケーション活動を盛り込むと一層効果的である。

4　経過とまとめ

アドバイスをもとにした状態像の整理と指導方略の検討を踏まえて、A君の指導方針を、

①注視を促す指導をする。
②物を分ける学習を段階的に行う。
③目でしっかりと見ることを意識して触覚の刺激を行う。
④ボディイメージを高める活動を取り入れる。

の四点にまとめた。

注視を促すための教材として活用した、横にビー玉を置いて鉛筆で動かす運筆練習具は、A君が大好きな教材である。弁別教材には型はめを活用した。指導後の変化を以下に列挙する。

指導全般を通してみると、当初に比べて、まず「目」が課題に止まるようになった。そして、細かなピースの教材でも、感覚遊びをせず課題に向かおうとするようになった。つまり、型はめのピースをバラバラと落として遊ぶことや、絵本のページをパラパラとめくっては舐めて本の端っこがなくなってしまうなどといった感覚遊び

の対象としての教材教具が、本来の弁別・注視の教材教具としての役割を果たすようになったのである。型はめは自発的に取り組んでしかも成功するようになり、絵本はじっと見ることができるようになり、教師がそばにいると三〇分近くビーズ通しに取り組めるほどになった。

こうした注視や弁別の力の成長が見られるようになると、認知が高まり、周りの状況が見え始める。すると、他の子が出した絵本を元の場所に戻したり、少し開いているドアを走って行って閉めたり、窓を閉めたりと、永続性にもこだわるようになった。これは太田ステージの発達評価で言えば、ステージⅠからステージⅡの方向へより近づいた状態と言える。また、こうした変化に追随して、A君のコミュニケーションにも変化が見られるようになった。何かを伝えたい時、相手の目をじっと見るようになったのである。また、手でつかみ、相手の目を見て、許可を求める行為も現れるようになった。A君は、お気に入りの『えんそくバス』という絵本を読んでほしいと、教師の目をじっと見て訴えることができるようになったのである。そして、以前は集団から外れてしまうことが多く目が離せない状態だったが、現在は集団にほぼ一緒についてくるので、ずいぶん心配がなくなってきた。パニックになった時、現在のA君は、彼の目をじっと見て「A君、大丈夫？」と名前を呼ぶことで落ち着くことができるようになったのである。

また、写真付きの絵本で、自分の好きな特定の物（ラーメンの写真）ばかりをじっと見ていた行為が、ページをめくりながら、リンゴの木のページ、いろいろな食べ物のページなどをゆっくり眺める行為に変化してきている。静かに物を見ながら一人で過ごせる時間が増えてきたのである。また、友達を意識する行動が見られるようになった。勢いよく走ってきたり、ぶつかってきたりする友達が近づくと、自分からその子の顔を見ながらよける行動が見られる。さらに、一人の友達のカバンや筆箱が気になり、その子が片付けていると、近づいて片付けたり、出したりする行動が見られるようになった。

自分の身の回りの物を見る力から、さらに友達に意識を向ける力が働くようになってきている。人に対する適切な行為を教えていくとともに、認知の力をさらに高めていくよう、教材教具の工夫と学習を進めていきたいと思う。

5 専門家と連携することの重要さ

「この子は、本当はよく分かっているんですよ」。よく耳にする言葉である。しかし、本当に分かっているのだろうか。言葉の出ない、発達段階の低い子どもたち（太田ステージⅠの段階、一歳半までの段階にある子どもたち）は物に名前があることに気づいていない段階である。したがって、言葉による指示が難しい。そのような子どもたちも、学校生活において、毎朝、かばんを整理し、着替えをする場合、担当の教師が言葉の指示を出すことによって、あたかも言葉を理解しているように行動することができるようになる。しかしこれは「感覚運動的にこなしている」状態なのである。いつも同じように限定された場所で繰り返されるその行為は、周りで指示される音声と連動して、条件反射的にこなすようになる場合が多い。多少、場所が変わっても、同じような状況であれば、言葉の指示に従って行動することができる。

しかし、そのことを「この子はよく分かっているんですよ」と安易に考えてはいけない。あくまで「感覚運動的にこなしているのではないか」とプロの教師なら疑う必要がある。さもないと、次は、「何でできるのにやらないの」「この子はふざけているんだよ」「さぼっているんだよ」という捉え方になってしまう。その先にあるのは、どなる教師、叱り続ける教師である。

発達や特性を理解せず、どなり癖、叱り癖のついている教師が多いのが、残念ながら現状である。一生懸命子どもたちを見よう、全力でぶつかろうとする教師ほど、専門家がいろいろな見方やアドバイスをしても、「そんなことを言っても現場はそれどころではない」「現場の子どもはいろいろなのだ」という思いが強い。しかしそれだけでは子どもの本質を理解し、「一人の人格者であるのだ」という捉え方で接することは難しいのである。

し、ドクター（医師）やPT（理学療法士）、OT（作業療法士）、ST（言語聴覚士）といった、専門の知識を有し、何百人、何千人と子どもたちを見てきた人々の子どもの見立ては、必ず現場の助けとなる。当然、そのためには教師もできるだけ専門的な事柄を学ぶことが必要である。まったく専門家任せで、遠いところから見ているようでは、相手の言っていることが理解できないのは当たり前である。ある程度で良いのである。理解できるところまで、学びながら近づき、連携して、協力していくということが、発達障害の子どもたちの人格を尊重し、成長を助けることにつながるのである。

監修者のコメント

自閉症の子どもは、生きにくい場面では自分の中に閉じこもってしまう。その時間に働きかけるのではなく、そのような時間を減らしていこう。ふっとゆるみがでた時にすかさず言葉・視線・体を使ったコミュニケーションを用いて働きかけ、こちらに注意を向けさせる。そうすると自分の世界から、私たちの世界に戻ってくる。自閉症の子どもたちの体の動きは、四カ月の体幹のひねりと一〇カ月の左右の交互性ができていない。運動の基礎の基礎、そこに注目してみると日常の運動が素晴らしく変わっていく。

怒り出すことが多く、周りの児童ともうまく関わることの苦手なASDの子の指導

多くの人が一人の子を支えていくことの大切さ

茨城県立美浦特別支援学校　河村要和

Aさんの小学校四年生から六年生に至るまでの事例である。自分の納得のいかないことがあるとパニックになってしまい、落ち着くまで職員室や校長室へ行くことが多かった。決まった時間のテレビが見たいため、帰りの登校班も関係なく先に一人で家に帰ってしまう。登校班の中でもトラブルが多かった。行事に参加することもかなり抵抗があり、休んでしまうことが多かった。運動会などに参加しても、途中で泣き出してしまうことがあった。

母親は非常に教育熱心で、Aさんについて医師や臨床発達心理士に相談を行っていた。母親を中心とした家族の大変な努力があり、医師、臨床発達心理士、親の会など多方面のアドバイスを取り入れていく中で、徐々に気持ちが安定していった例である。

1　医師からのアドバイス

AさんはASD（自閉症スペクトラム）の診断を受けていた。アドバイスは次のようなものであった。

言われたことをそのまま字義通りに受け止めてしまうことがあり、その都度丁寧に説明してあげることが必要である。

突発的な行動が多かった。それは、やはり、言われたことをそのまま受け取ってしまうためである。友達とトラブルになってしまった時など、母親が大変丁寧に状況を説明するようになった。そのことで本人が納得して落ち着きを取り戻すことも多かった。理解できたことをすぐに日常生活に一般化し、応用することは難しい。しかし、その場だけでも納得できることが増えていけば、その積み重ねがやがてつながることもあるという。その都度その都度説明をする、ということが必要なのである。

また、医師は次のようにも話されていた。思春期に近づくにつれて、誰もが心と体の成長のアンバランスな中にあって、精神的な安定を崩していく。発達障害がある場合、もともとの共感性や気持ちの調整能力が弱いので、当然、大きく精神的な安定を崩したり、不安定なことからパニックになったりすることも予想される。しかし、虐待を受けていることがなく、周りで親身に支える家族がいれば、必ず乗り越えることができる。何千人も発達障害の子を見てきた医師の発言だからこそ、勇気が持てるものである。

2 臨床発達心理士との相談

医師の相談と並行して、臨床発達心理士との相談も始まった。Aさんを実際に見てもらったり、学校生活の中で起きるトラブルについて相談し、対応していくものである。

〈遊具遊びで困った時の対処法を教える〉

ある日、ブランコでのトラブルが起こった。どうしても自分が乗りたいと思っているブランコに乗っている上級生に石を投げてしまったのである。

担任と心理士で相談をし、次のような①～③のどれかを自分で選んで決めなさいとAさんに話した。

> **①上級生が乗っていた時には別の遊具で遊ぶことができる。**
> **②「次に貸してください」と言って待つ。**
> **③担任の先生に相談する。**

Aさんは担任に相談し、時々授業を早く終わりにしてもらい、ブランコに真っ先に乗ることができた。また、トラブルになるよりは遊ぶことの方が大事であることに気づき、別な遊具で遊ぶ機会も増えていった。週に二～三回あったトラブルが月に一回程度に減っていった。

〈授業で混乱が起きない工夫をする〉

理科の実験をし、授業の最後で実験用具を片付ける際、言葉だけで一度に伝えてしまい、学級全体が混乱していた。当然、Aさんも混乱状態である。それぞれの用具をどの位置に片付けるか、見本を見せながら置いて指示する必要があった。たとえば、「ビーカーはこの箱の中です」「試験管はこの試験管立てに置きます」「絵の具はこの容器に入れてください」という具合である。人数も一度ではぶつかってしまうので、「一班」「次、二班」「それでは三班」という具合に時間差を作ることも必要である。

順番や場所が明確になったことで、Aさんは混乱せず、待てるようになった。

〈面倒見の良い子を周りに配置する〉

間違った行動をしたり、場にそぐわない発言をしてしまったりした時、周りに「○○はおかしい」とすぐにはやし立てる子がいた。それに対して、休み時間にAさんに優しくしてくれる児童もいた。できるだけ、穏やかな子や面倒見の良い子を同じ班や近い席に置くことが提案された。そうすることで、気持ちをずいぶん安定して保つことができるようになった。

〈母親との相談〉

母親は常にAさんに寄り添っている。Aさんがうまくできない気持ちを十分理解していた。その母親の気持ちを受け止め、不安を取り除いていくことは、Aさんの安定に直接影響することである。臨床発達心理士は、家庭での状況をできるだけ丁寧に聞いた。十分聞いた上で、可能な限り家庭でできそうな対応を話した。特に直接改善につながるアドバイスができなくても、母親の困っていると思う多くの気持ちを受け止めることが重要である。母親は話をしているうちに、自身で解決の糸口を見つけたり、もう十分対応していたりすることに気づいていく。そのことを励ましていけばよいのである。

3 親の会への参加

臨床発達心理士より、母親に親の会が紹介された。同じように発達障害の子を持ち、悩みを共有している保護者の会である。そこにはわずかなお茶代だけで参加でき、みんなで日常の話をしたり、研修会の情報をもらえたりする。子どもたちと一緒に出かけたり、遊んだりする時間もある。やはり、同じような気持ちを共有できる場が必要なのである。その場に参加できたことは、本当に感謝しておられた。

4 高学年での様子

Aさんは五年生でずいぶん変わった。パニックになって職員室や校長室に避難するということはほとんどなくなり、教室で安定して授業を受けられるようになった。休み時間も数人の友達と一緒にいられることが増えてきた。しかし、髪の毛を抜いてしまう癖だけは抜けなかった。また、休み時間、教室の端から端へ行ったり来たりすることも時々あった。これは、怒った気持ちを周りにぶつけたり、声をあげたりすることではなく、自分の中で調整しながら、必死にコントロールしている姿だと考えられる。こうしていられるのも、気持ちのキャパシティが増えたことと、受け止めてくれる母親がいてくれるからこそだと考えられる。

六年生になると、集団の中にいても、Aさんはほとんど目立たなくなった。髪を抜くこともほとんどなくなった。本人に気持ちのコントロール力がつき、周りの児童も大人になったと同時に、Aさんへの対応の仕方や理解が進んだためだと考えられる。担任が五年、六年と優しく包容力のある男性教諭になったことも大きく影響したものと思われる。

5 医師や専門家と連携することの重要性

Aさんは中学生になり、自転車で学校へ通えるようにもなった。小学校からの引き継ぎに基づき、支援会議なども持たれている。教師もそのことを理解し、対応している。たとえば理科の授業である。微生物の勉強で、ミジンコなどの写真を見ると怖くていられないという。理科の担当教諭は、写真を抜いた教科書コピーを使い、Aさんは安定して授業を受け続けた。周りの子にも気遣うように伝えた。

Aさんと母親だけが努力しても、安定した生活は保障できないのである。医師、臨床発達心理士、親の会、担任、管理職など、それぞれの立場の人がそれぞれの持ち場と見方でできるアドバイスをしていき、そのことで母親を中心とした家族が不安を解消し、できるだけ特性と環境にあった対応をして、成長に導いていくことが必要である。まずは医師に相談して診断を受け、障害を受け止める。そして、そのアドバイスを基盤に、周辺の専門家、関係の教員などに相談を広げていく。一人の子を多くの人々が支えていく必要がある。

監修者のコメント

ＡＳＤ（自閉症スペクトラム）の子どもは、周りがどうしているか見ていないし、その人の立場にもなれないから、自分から気づくことができない。具体的に教え、どうすればよいか気づけば、できるようになる。小一～小三では具体的に教えてあげながらできるようにしておけば、自尊心が崩れる危険性のある一〇歳以降が良い方向に変わる。また、アドバイスをする時は、他の人が喜ぶ、迷惑になるといったアドバイスではなく、その子にとって得になるといったアドバイスが最も効果的である。

多動で教室から出てしまい、授業を受けることが難しいＡＤＨＤの児童の指導

医師の適切な見立てと処方が子どもを変化させる

茨城県立美浦特別支援学校　河村要和

小学校三年生のＡＤＨＤ（注意欠陥・多動性障害）の児童の事例である。授業を受けていても五分くらいで教室を出て出歩いてしまう。支援員がついて歩くが、校舎の周りも歩き始め、追いかけっことなってしまう。相談があった時には、医師にかかっておらず、未診断であった。母親はよく状態を把握しており、医師に相談したいと考えていたが、父親の方は、自分の子どものころと同じだ、と考えており、医師に相談することに対しては必要を感じていなかった。

この児童は医師の診断を受け、落ち着いて授業を受けることができるようになった。

1　特別支援教育コーディネーターとの相談

特別支援学校への依頼に基づき、まず、実態の観察と相談が行われた。音楽の授業では、支援員が傍らにつき、笛を吹く場所を指さしで教えることで一〇分程度は着席して吹いていたが、説明の場面に入ると、すぐに教室から出て行ってしまった。支援員とともに声を掛けるが、教室に戻ろうとしない。途中、他の先生が来て、「どうしたの。教室に戻ろうか」と声を掛けると、「うるさい。お前は嫌いだ、あっちへ行け」と言ってまた走って

行ってしまった。

放課後、校長、教頭、学年主任、担任、支援員を交えて支援会議を行い、

・児童の抱えるＡＤＨＤ傾向の特性について説明する。

・指示は一つひとつ、具体的に短く伝える。

・父親との相談の時間を設けて理解を図る。

といったことが確認された。その後、父親との面談の機会が持たれた。

2 父親との面談

父親の子どものころの様子はとても児童と似ているという。そんな中、運動が得意であり、運動部でずっと厳しい指導を受けながら、オリンピックの強化選手になるほどの実力を身につけてきたとのことである。厳しく指導されてきたことが、自分の才能を開花させたという自負があった。まずは充分、父親の生い立ちや考えを聞いた。そのことをすべて受け入れるところから次の話につながるのである。大半の時間をそこに使ったあと、児童の特性や、動いてしまうのは脳の伝達物質の流れが悪いこと、そのことを解消すれば、持っている力を発揮できるに違いないこと、そのためにはドクターの診断を受ける必要があることを伝えた。

医師を敬遠していた父親から、「その薬の名前は何というのか」という言葉を引き出すことにつながった。

3 医師との相談

母親が医師のもとに連れて行き、ＡＤＨＤ傾向との診断を得て、適切な薬が処方された。その後、教室から出歩くことがほとんどなくなり、授業を受け続けることができるようになった。しかし、ここで安心してはいけない。医師と相談し、適切な薬が処方され、落ち着いた時が大変重要であると言われる。薬のおかげで、滞ってい

た伝達物質が流れ出し、行動の調整は利いてきたのであるが、あくまで薬の作用が大きい段階である。その時に、ノートの書き方、ミニ定規の使い方、物の片付け方、人との接し方、ソーシャルスキルといったことを身につけさせることが、教師の重要な役割である。

4　連携の大切さ

このＡＤＨＤの児童も、医師の適切な見立てと処方によって、これまで長く続いた、出歩き、暴言といったことがなくなった。しかし、問題が見えていても、簡単に医師につなげることは難しい。そこに至るまでには、周りの関係者との連携が欠かせない。次のようなプロセスを踏む必要がある。

①発見する（担任・学年主任・管理職）
②観察する（担任・特別支援教育コーディネーター・臨床発達心理士などの専門家）
③見立てる（特別支援教育コーディネーター・臨床発達心理士などの専門家）
④支援会議をする（担任・主任・特別支援教育コーディネーター・臨床発達心理士などの専門家・管理職）
⑤保護者との相談をする（特別支援教育コーディネーター・臨床発達心理士などの専門家）
⑥医師との相談をする（保護者・担任）

5　理解することの大切さ

父親が理解を示すことで、一気に話が進んでいった。先述したように、医師との相談に難色を示していたが、話を聞いてみると、父親自身の確固とした考えがあり、そのバックボーンとなる生い立ちが隠れていた。その信念のようなものをよく話を聞いて理解しない限り、こちらの話や提案を受け入れるはずはない。母親も相当悩みながら子どもを何とかしようと努力し続けてきた。そのことを受け入れ、話をよく聞く人間がどうしても必要なのである。「保護者の話を受け入れる」ことの重要さを改めて知った事例であった。

監修者のコメント

子どもと同じ特性が父親にある場合、子どもに治療が必要だと言われると、父親は自分にも治療が必要であると言われたと思ってしまうことがあります。昔は小五のころに自分で気づいて、直してゆくことができるまで、周りが待ってくれていました。そこまで待てれば、薬はなくてもよいのです。でも今は待ってくれません。でも薬を服用することにより、お父さんより、きっと早いペースで学習は進んでいます。

問題行動を抱えるＡＳＤの子が医師のアドバイスにより安定する

保護者と医師をつなぎ、保護者を支える存在となることが必要

茨城県立美浦特別支援学校　河村要和

ＡＳＤ（自閉症スペクトラム）の診断を受けているが、ＩＱ一二一と知的に高く、進学校に通う生徒である。両親はどちらとも高学歴で、専門職についている。

入学当初順調に通っていたが、ゴールデンウィークが近づくころから問題行動が現れ始めた。唾を教室の床に吐いて歩いてしまう、トイレを汚してしまう、学校へ行きたがらない、といったことが日常的に問題となった。

担任が本生徒と相談をし、一時的に落ち着いたが、ゴールデンウィーク明けにまた激しくなってきた。

両親は学校に行かないことを心配し、交代で学校に来て、本生徒についているようになった。本生徒が帰ろうとすると、「がんばりなさい」と言って留まらせていた。

そして問題行動が続き、家庭でも暴力が出るようになった生徒が改善した事例である。

1　臨床発達心理士との相談

特別支援教育コーディネーターである臨床発達心理士と保護者との相談の機会を設けた。

面談で、保護者はＡ４の紙五枚にびっしりと、これまでの生い立ち、小学校、中学校でのエピソード、現在、

家庭や学校生活の中で悩んでいる点を書いてきていた。

心理士はその一つひとつをゆっくりと聞き、困っている点を一つひとつ受け止めていった。そして考えられうるその場その場での対応について相談していった。

そして、医師との相談の必要性についても話をした。

2 医師との相談

精神的な不安定さが暴力や暴言といった行動として現れ始め、保護者も対応に迫られて医師に相談を行った。

そこで言われたことは次の点である。

> **学校に行くことに大きな抵抗を感じている。無理に行かせるのではなく、本人とよく相談して、具体的に本人に選択させた方がよい。**

その後、臨床発達心理士ともう一度面談し、その際、場合によっては精神科の思春期外来に行くことも必要であることを告げられた。

そこで、二学期からの対応について、前述の医師のアドバイスに従い、学校に行くことを強制するのではなく、どのように行くか本生徒と相談することとなった。

3 対応の変化と生徒の安定

二学期から、週に四日程度出席し、帰りたくなったら午前中で帰ってもよい、ということが、保護者と本生徒の間での確認事項となった。本生徒の気持ちを尊重することで、その後、生徒は安定を取り戻し、ほぼ通常通り学校へ通えるようになった。

もともと、ＩＱは高い子である。安定していけば、あっという間に遅れは取り戻す。

その後、大学も五つほど合格したという。

4 保護者の悩みを支えていく存在が不可欠

自分の子どもも、両親と同じように専門職に就かせたい。そのためにはしっかり学校へ通うことが必要である。その教育方針が、うまく適応できないＡＳＤの生徒を追い詰めていく状況となっていった。

その他にも、「もしこのまま学校へ行かず、引きこもってしまったら」という思いもあったのかもしれない。そのことは、親であれば誰でも心配になり、考えてしまうことである。

しかし無理に行かせようとすると、他にも様々な問題として表面化してくることも事実である。精神的な調整力も弱いＡＳＤの子であればなおさらである。問題行動の原因は周りの環境にうまく対応できないストレスからくるものに他ならない。

医師から的確なアドバイスをもらうとともに、保護者の悩みを受け止める存在、その悩みを支えていく存在が不可欠である。

監修者のコメント

知的に高い子どもにとっては、学校の勉強のスピードはまどろっこしい。つまらないので注意がそれる。ばからしいから聞いていない。我慢できなくなると落ち着きがなく見えて、多動的になる。周りの子どもや教師からの、行動の基となっている病態を理解していない叱責が、子どもを追い込んでいく。休ませること、考えさせること。そうして見守りながら、一人で歩いていかせる余裕を持とう。

「連携ノート」で肢体不自由の子の成長を促進させ、彼の世界を広げる

重度・重複障害のある児童の移動能力を高めることで全体的な発達を促進させる家庭・学校・病院が情報と思いを共有し、「連携ノート」を使って取り組む

特別支援学校　富山比呂志

1　子どもの状態

好奇心が旺盛で、自分で移動したい、という意欲を持っている男児である。

特別支援学校の小学部低学年で、障害名は「脳性麻痺」である。四肢の麻痺と重度の知的障害による重度・重複障害がある。

普段の生活では、車椅子を使用している。移動も学習も車椅子である。

両足の麻痺と変形があり、歩行はできない。車椅子を自分でこいで動かすことはできるが、長い距離の移動は空間認知ができていないため難しい。一人で車椅子を操作して移動させると、人や壁などにぶつかる。

床に降りると、お尻を床につけ、足を伸ばした状態で、腕の力でずりずりと動いて、目的の場所まで移動しようとする。通常のうつ伏せのハイハイ（お尻をあげたハイハイ）はできない。おそらく、足の麻痺があるため、足を使わないで移動する方法を自分で学習したものと思われる。お尻を床につけ足を伸ばした座り方（長坐位）

で姿勢をしばらく保持する体幹はあるが、バランスを崩して、コテンと横に倒れてしまうことが多い。股関節の脱臼があるため、左足が右足の上に来るようにクロスしてしまう。このため、足を踏ん張ってバランスを取るという動作はできない。

やや側彎（背骨が側方に曲がっている症状）があり、背骨に変形がある。いわゆる「猫背」のような姿勢で、背中が丸くなって、やや前かがみである。幼児期の発育の過程で、両下肢の麻痺および股関節の脱臼により、全体の体幹のバランスが崩れ、側彎になっているとのことであった。

手にも麻痺はあるが、自分で物をつかんだり、指先でつまんだりしようとする。鉛筆は持てない。スプーンは柄を太くしたものを握って使うことができる。しかし、お皿からすくって食べることは、一人では難しい。フォークにおかずを刺しておけば、フォークを持って食べることができる。

認知的な発達としては、二～三歳程度。言葉での簡単な指示は理解できる。「にいにい（家族の誰か）」「バイバイ」「ない」「やだ」等のいくつかの短い言葉が言える。それ以外も発語はあるが、独特な発音であるため聞き取れず、意味も不明だった。

書字はできない。殴り書きは、クレヨンなどでグルグルの丸が少し描ける程度。すぐに飽きてしまう。

斜視があり、視野の左側にある物を認識している。右側はほとんど認識しない。正面にある物でも、首を右に曲げて、左の視野に入れて見ようとする。文字は読めないが、絵本は好きで、首をかしげた姿勢で絵本の絵をじっと見ている。

やや人見知り。初めての人を怖がる。慣れている人には抱っこをせがむ。四月当初、なかなか慣れてもらえず、泣かれたり、顔をたたかれたりした。

聞こえには特に問題はない。母親が遠くで呼ぶ声に反応して、うれしそうに母親の方へ移動しようとする。絵本の読み聞かせも好きで、よく聞いている。お気に入りのページは何度も読むようにせがむ。

好奇心旺盛で、自分で興味のある物に手を伸ばそうとするが、移動が自由にできないため、泣いたり、人の腕をつかんで物を取らせよう（クレーン行動：欲しい物があると相手の腕や手をそこへ持っていく動き・現象）としたりする。見えた物、聞こえた物に反応して、その方向に移動しようとしたり、持っている物を放り投げて次の興味のある物へ手を伸ばそうとしたりする。

就学前から病院でのリハビリテーション（ＰＴ：理学療法）を受けており、下肢の変形や拘縮の改善を行っている。股関節の脱臼については手術も経験し、脱臼が進行しないような配慮が必要であるが、足を組むことについては制限されていない。股関節の脱臼があるため、病院でのＰＴ以外では、立位や歩行は行わないようにしている。ＰＴには月に二回程度、学校を早退して通っている。

定型発達の乳幼児は発育の過程で、ハイハイなど自力での移動ができるようになっていくことで、認知面やその他の身体的な機能が発達していく。

定型発達の乳幼児の発育の考え方をベースに、自力での移動の能力を高め、自分で興味のある物を求められるようになることで、認知面の発達および身体の発育を促進させたり、移動以外の身体の機能も高めたりすることができるのでは、と考えた。

2　ドクターおよびセラピスト（理学療法士）の具体的なアドバイス

学校には関係機関との連携を行うシステムとして、「連携ノート」がある。

連携ノートを、学校・保護者・関係機関でやり取りすることにより、情報を共有しながら、それぞれの立場で支援を明確にしていくことができる。

この連携ノートを利用する前に病院でセラピーを見学し、担当のドクターとセラピストに話を伺った。

セラピストからは、「下肢の拘縮や変形などは現状を維持しているが、動きが制限されていることでストレスを感じているようだ。もう少し全体的な発達が促進される余地はあると思うが」という意見であった。

保護者、セラピストおよびドクター、担任の間で、移動の機能を高めることによる発達の促進を共通の目標として合意し、連携ノートの利用を開始して、支援や指導を行うこととした。

連携ノートでは、学校、家庭、病院での本児の様子（行ったこと、行った様子）をノートに書き（写真なども貼り）、情報を共有することにした。さらに、それぞれでコメントをつけ、気がついたことなどを補足したり、質問を投げかけたり、提案したりするようにした。連携ノートは、保護者を介して、学校側、病院側に運ばれる。三者が必ず目を通し、コメントをして共通理解するようになっている（連携ノートの実物資料は残念ながら手元になく、個人情報を多く含むため掲載は控えたい）。

3　現場での教師の取り組み

連携ノートのやり取りを始めてみると、移動に関して、家庭ではお尻を床につけての移動（「尻這い」と呼ぶことにする）をかなり行っていることが分かってきた。

リビングの絨毯の上ではお尻が滑らないため、移動がしにくくイライラしてしまうことがある。しかし、フローリングではスムーズに移動して、ドアが開いていれば勝手に廊下まで行ってしまうという。危うく玄関のタイルの上に転び落ちそうになっていたこともあるが、二階建ての家の一階で行けない部屋はないほどだという。

この尻這いができるようになったのは、半年ほど前のことで、二歳になる弟と遊んでいるうちにできるようになったということだ。

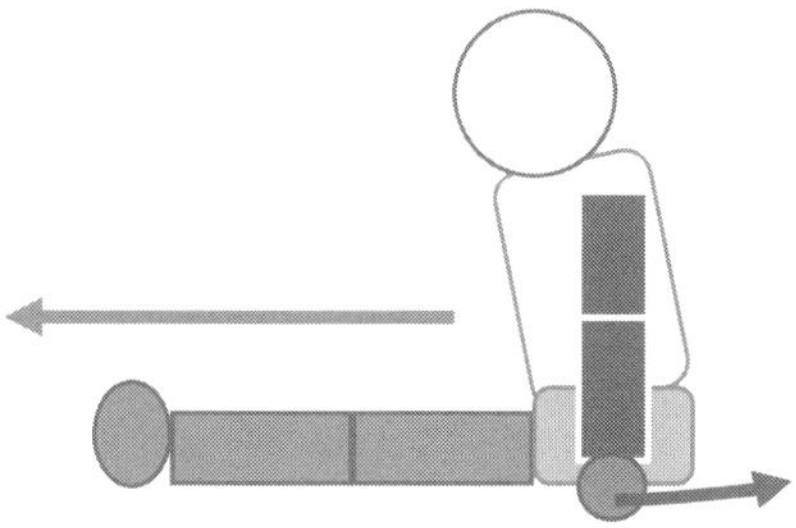

腕で床を押して前に進む

学校でも、昼休みや自立活動の時間は、車椅子から降ろして教室の絨毯に座らせておくと、ずりずりと尻這いをしている。

確かに、絨毯ではそれほど速く進まないが、フローリングのエリアに行くと、そこそこの速さ（大人がゆっくり歩くくらい）で、尻這いで移動している。

ただし、尻這いは、長坐位の姿勢にしてあげないとできない。自分で姿勢を転換して、長坐位になることは難しいようである。また、途中でバランスを崩して横に倒れてしまっても、自分で起き上がって長坐位に戻ることも難しい。

セラピストからは尻這いについて、特に身体に過度な負担がかかるような動きではなく、本人が望んでいることなので、行うことに問題はないでしょう、とのコメントであった。

尻這いでの移動をスムーズにする方法がないか、保護者と知恵を出し合いながら、試行錯誤をしていくことにした。

まずは滑りが良くなるよう、お尻の下に段ボールを切って入れてみた。

だが、これでは本人がお尻を動かした時に段ボールは残ったままになってしまい、意味がなかった。そこで紐を通し、足と固定した。ずりっと動かした時のお尻の滑りは多少スムーズになった。しかし、ひんぱんに使っていると段ボールが弱くなり破れてしまう。そのたびに新しいものを作るが、耐久性が課題となった。

段ボールに代わるものはないか探して、スケートボードも試してみたのだが、高すぎて腕が床に届かず、ボードの長さや幅も身体に合っていなかった。また身体を安定させられないので、横転しやすかった。

さらに、車の修理工場などで使うキャスター付きの「クリーパー（寝板）」に着目した。これが安価で手に入らないか調べたが、当時は専門の業者でないと手に入らない物であった。また男児の体形に合ったものが手に入るわけでもないため、自作することとした。

男児の足の長さや身体の幅に合わせて板を切り、キャスターを取り付けた。床まで手を伸ばして届くよう、キャスターの高さも一番低いものにした。横転時の安全性と姿勢の安定を考慮してサイドにクッションを付けた。

このキャスターボードに乗ることで、今までよりも軽快に移動できるようになった。腕のひとかきで移動できる距離も長くなり、目的の場所への移動はスムーズになったのである。すると教室だけでは飽き足らず、廊下に出してほしいとせがまれて、長い廊下へ。解き放たれたように廊下を疾走するようになった。

しかし問題点がいくつかあった。

教室から廊下まで行けるようになったが、素手で床を押していたため、手がとても汚れてしまう。これは滑りどめ付きの軍手で解決した。

また、板から横に足がはみ出してしまう。巻き込まれるようなボードの高さではないが、危険性があるため、足が板からはみ出ないようにガードを取り付けた。

物や人にぶつかってしまうことは、視覚や空間認知の問題ですぐに解決ができなかった。キャスターボードを使う時は、周囲に障害物がないように動かし、他の子にぶつからないよう広い所に移動するようにした。もちろん、教師も側についてぶつからないように注意した。

ボードごと横転しそうになったため、キャスターの数を四つから六つに増やし、安定度を高めた。

このキャスターボードを写真に撮影し、連携ノートでドクターやセラピストに見てもらった。のちにビデオで、使っている様子も見てもらったところ、上手に乗り

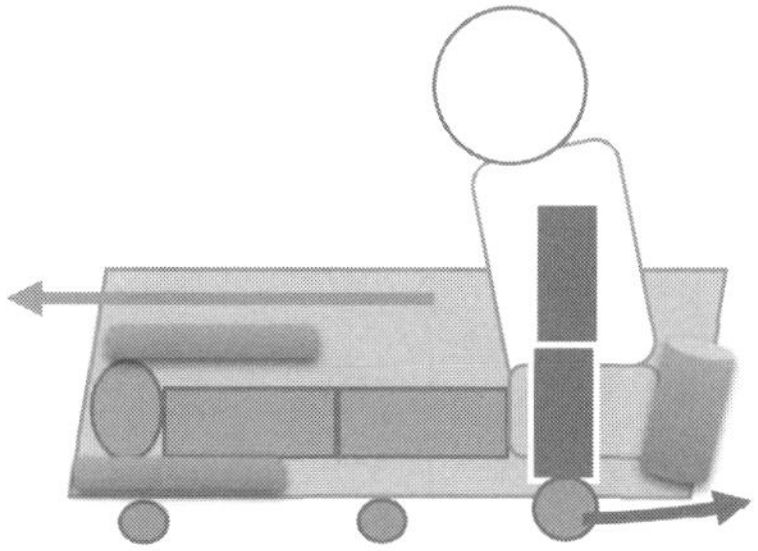

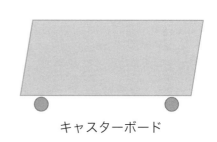

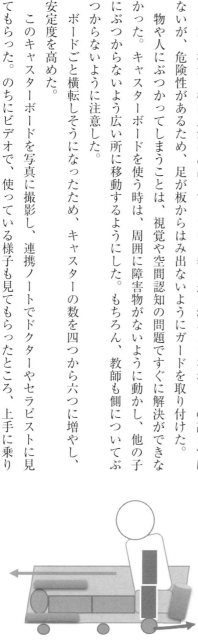

キャスターボード

こなしていて、手の使い方もよく、姿勢も安定している、という感想であった。細かい部分で、クッションの入れ方について、骨盤が崩れないようにタオルなどを詰めてみるようアドバイスをもらった。もちろん保護者にも学校で使っている様子を見てもらい、これはいいですね、ということで了解を得て、学校で使うことにしたのである。

こうして専用のキャスターボードは完成し、これに乗って学校中の廊下を疾走するようになったのである。ただし、このボードは移動手段としては使わせなかった。通常の移動手段は車椅子とした。キャスターボードは自立活動（特別支援学校・特別支援学級等で行う指導領域の一つ。障害がある児童及び生徒が自立を目指し、障害に対応した指導を受ける）や休み時間で使うものとし、言うなれば、三輪車遊びのような位置づけとしたのである。

4　明らかな子どもの変化

○移動の能力が著しく向上した

大幅に移動できる距離が長くなり、移動の速度も上がった。尻這いの時はゆっくり歩くくらいの速度だったが、ボードに乗ることで、大人が歩くくらいの速度となった。

そして、自分で移動しようとする意欲がとても強くなったと言える。ボードに乗る前は、目的の場所までたどり着けないことがあった。しかし、ボードに乗ることで今までより長い距離を移動できるため、目的の場所まであきらめずに行くようになったのである。実は、車椅子を自分でこいで動かすことはできていたが、両輪を動かさなければならず、腕の麻痺があるため左右の車輪の回

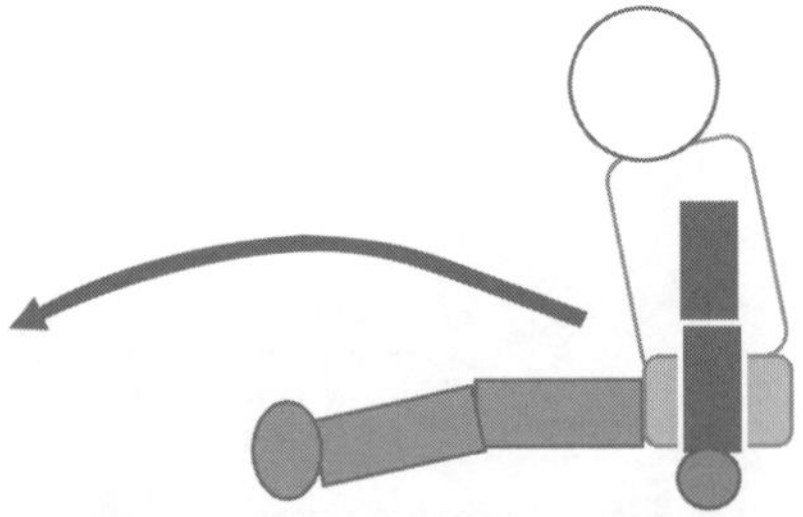

お尻が浮き上がるようになり、
大きく前に進むようになった

転数が違い、まっすぐ前に進まず、その場で回ってしまうことが多かったのだ。そのため、車椅子を自分でこぐ場合は、自分が行きたいところへ移動できないことがあったのである。

家では尻這いなのだが、この移動も速くなったという。腕で身体を押し上げているのだが、お尻が高い位置まで上がるようになり、一度の腕の動きでグンと前に進むようになったということが連携ノートに書かれていた。確かに、教室でも床に降ろし長坐位にしておくと、尻這いでの移動が速くなった。言われてみると、一回のストロークでの移動距離が以前に比べて大きくなっている。お尻を高い位置まで上げられるようになっているのである。絨毯の上での尻這いもスムーズになった気がする。

○腕の力がついた

キャスターボードこぎや尻這いをたくさん行ってきたので、自分の体重を支えられるくらい腕の筋肉がつき、家や教室のドア（引き戸）をあっさりと開けられるようになった。

腕の麻痺はあるのだが、両腕の動かし方も上手になったような気がして、連携ノートでセラピストにそのことを伝えると、確かに腕の力が強くなりましたね、両腕とも上手に使っています、というコメントが返ってきた。

車椅子の操作も、その場でくるくる回るだけではなくなり、「うんしょ」と言いながら、前に進もうとしている。見通しのよい短い距離であれば、自分で車椅子をこいで、そこまで移動できるようになった。

○バランスが取れるようになり、体幹が強くなった

キャスターボードに乗り始めたころ、バランスを崩して横転しそうになることが多かった。最初のころは教師が軽く背中を支えてバランスが取れるようにしていたのだが、だんだんと自分でバランスを取るようになり、倒れそうになることが少なくなってきたのだ。

倒れそうになると、ぐっと全身に力を入れて耐えるようになった。さらに倒れそうになっても、手をついて身体を支え、コロンと横転しなくなってきたのだ。

ボードに乗っている時だけではなく、床に降りて長坐位をしている時でもバランスを保つようになった。しっかりと座っていられる（坐位が保持できる）ようになってきたのである。

セラピストによると、背筋と腹筋がついてきたとのことであった。側彎そのものは以前と変わっていないが、自分で体幹が保持できるようになってきたことで、側彎の進行を遅らせられる可能性があるとのことだった。

○視野が広くなった

斜視でいつも首を少し右に向けて、視野の左側で見ようとしていたのが、ぐっと遠くまで見ようとするようになった。左側で見ようとすることは変わらないが、見えている範囲が広がり、視野の真ん中から少し右側にあるような物でも認識することがあった。

また、丸まった姿勢のせいで視線があまり上がらなかったのだが、顎を上げて廊下の先の方まで見ようとするようになったのである。視野が広がったことにより、さらに多くの情報を取り込むことができるようになった。教室の隅にある絵本を見つけたり、廊下の先の方にいる教師に気がついたりするようになった。

そして、物や人にぶつかることが少なくなった。視線が上がり、認識できることが多くなったため、ぶつかる前に止まるようになってきたのである。空間認知、危険認知の力が高まったと言える。

○とにかくしゃべるようになった

以前は聞き取れない言葉が多かった。しかし、明らかに聞き取れる言葉が多くなったのである。

「にいにい」は、家族の誰でも同じだったのだが、「ママ」「パパ」「ジジ（おじいちゃん）」「にいにい（おにいちゃん）」と呼び分けるようになった。

ご飯の時には「ウマイ！」を連呼するようになり、「とみせんせ」と、筆者（富山）の名前を呼んでくれた時には飛び上がるほどうれしかった。

まさに喃語だった赤ちゃんが言葉を覚えてとめどなくしゃべり出す、あの時期と同じようになってきたのである。

しゃべるようになったことと、移動の能力の向上との因果関係を明確に示すことはできないが、全体的な発達が促進された結果ではないか、というのがドクターのコメントであった。

○スクリブル（なぐり描き）が複雑になった

ぐるぐるの丸が二回くらい描ける程度だったが、紙いっぱいにグルグルぐちゃぐちゃに描くようになった。

まだ指先でクレヨンを握るのは難しいが、ぐっと握ったクレヨンで、横に五センチ以上の線を引いたり、丸を力強くグルグルと描きなぐったりするのである。ちゃんと紙も見て描いている。しかもすぐに飽きない。自分が納得するまで描きなぐり、長い時には五分以上も集中して描くようになったのである。

○ご飯を食べるのが上手になった

スプーンやフォークの握り方を親指・人差し指・中指で持つように変えたのだが、食べこぼしが少なくなり、スムーズに口に運んで食べるようになった。

以前はあまり手首の返しができず、口に入らないでこぼれてしまったのだが、手首の可動域が広がり、スプーンやフォークの先をちゃんと口に向けて、食べ物を口まで運ぶようになったのである。

また、食べ物をしっかりと見るようになり、食べ物の動きを追視することができるようになった。食欲も旺盛になり、先述のように一口食べては「ウマイ！」を満面の笑顔で言いながら、しっかりと食べるようになった。

これも移動能力の向上との因果関係は示せないが、全体的な発達の促進によるものと考えられる。

その他、細かい点でも様々な変化が見られ、学年の先生方はもちろん、以前の担任も、保護者も、担当のドクターやセラピストも、大きな成長を実感することができた。今までの伸びしろ分を一気に使ったようだ、というセラピストのコメントや、弟と競争するような育ちです、という保護者の言葉が聞かれた。

私自身も、日々明らかに変わっていく彼の姿を目の当たりにし、人が成長することの驚きと感動を何度も何度も味わった一年であった。

その後すぐに、筆者は他校に異動してしまったため、彼を見届けることができなかったのだが、新しい担任とも仲良く、いろいろな面で著しい成長を見せているとのことであった。連携ノートも続け、家庭、学校、病院で連携し、日々の情報と彼の成長への思いを共有しながら、支援や指導が取り組まれていると聞いている。

※過去の事例であり、男児個人や関係機関等が特定できないよう、一部、表現を変更している。

監修者のコメント

学校は勉強を教える場であるばかりではない。体や心を伸ばしてあげることも課題になっている。医療ベースの上で、少しでも改善させることができないかと考えていく教育の大切さを考えさせられた。

ドクターの処方や方針が、発達障害児の成長を後押しする

教師にしかできないこと、ドクターにしかできないことがある。ドクターによる処方と方針が、教育に当たる側に安心と勇気を与えてくれる

島根県浜田市立松原小学校　中川貴如

ドクターの処方や方針は、発達障害の子ども、その保護者、そして学校にとって重要である。信頼できる道を示してもらえるからである。その処方や方針を活かし、教育に当たるのは教師の仕事となる。そのための正確な情報交換と連携こそが、明るい方向への第一歩となる。

1　目の下にクマ、鬱的な表情だったA君

諸問題を抱える五年生学級を受け持つことになった。その中に、ＡＤＨＤ（注意欠陥・多動性障害）の診断を受けているA君がいた。

始業式の日、A君の表情を見てびっくりした。目の下にクマができ、青白い顔をしていたからだ。

初めて出会ったのは、A君が二年生の時だった。愛嬌のある子どもだった。反応もかわいかった。「とてもがんばってるね」と声を掛けると、「ありがとうございます！」と笑顔で答えていた。明るく、何事にも一所懸命という印象だった。

三、四年になり、友達とのトラブルが多くなっていった。職員会議でもたびたび話題にあがり、キレて暴れることが増えていると聞いていた。特に、四年生の終わりのころは、表情が暗くなっていると聞いていた。

しかし、いざ担任として、五年になったA君の表情を見た時は、ショックだった。ここまで苦しんでいるのかと思うほど、表情が暗かった。そして、絶対にどうにかしなければならないと決意した。

A君がトラブルとなる原因を五つ挙げる。

①衝動性が強い。反応速度が速く、すぐに言動に出てしまう。友達の批判の対象になる。
②声の調整ができない。大きな声で、何度も同じ言葉を繰り返す。友達との喧嘩につながる。
③ちょっとしたトラブルでパニック症状になり、何も話さなくなる。解決に至らない。
④過去のトラブルがフラッシュバックする。体調不良で早退したり欠席したりする。
⑤手先の不器用さに加え、協調運動への苦手意識があり、イライラの原因になる。

学級の状態も良くなく、トラブルの多い学級だった。A君のこれらの特性が、トラブルの引き金になることも多々あった。

2 周りの子どもたちの意識を変える

担任して最初に気を遣ったのが、友達とのちょっとしたトラブルである。毎日のように学級内でトラブルが起きた。A君の衝動性や友達を怒らせるような言動も原因の一つである。

しかし、学級全体のA君に対する接し方にも大きな問題があった。A君の言動に対して、厳しく注意する。それが正しいことだという風潮があった。

ただ、私としては、A君も他の子どもも責めることはできないと思った。学級全体が、上下関係や差別の構造により、欲求不満の状態になっていたからだ。みんな苦しんでいるのだと感じた。

まずは、学級の子どもたちの満足度を上げていく対応を心がけた。その内容については、本稿の中心ではないので詳細は割愛する。簡単に言えば、学級経営の中で、次の二つのことを意識した。

1　子どもたちをとにかく褒めた。
2　楽しいことを取り入れた。

第一に、子どもたちをとにかく褒めた。

褒めるためには評価する基準も下げた。今の状態から、少しでも成長したことはすべて褒めた。喧嘩をしても手を出さなかったこと、授業のチャイムが鳴った時に教室にいたこと。落ち着いた学級では当たり前のことでも、それができていない現状があった。

基準を下げ、「今の状態」からどう変化したかを伝えながら褒めた。同時に、A君の成長もいっぱい褒めた。この時点ではA君には響いていなかったかもしれない。褒めても反応は薄かった。

しかし、周りの子どもたちには響いていた。A君への厳しい声掛けが減り、言葉掛けは確実に変わっていった。子どもたちは、教師を見ているのである。

第二に、楽しいことを取り入れた。

楽しいことを取り入れると、子どもたちは友達批判などへ意識が向かなくなる。

私の学級で有効だったのはTOSSの教材群だった。たとえば、「五色名句百選かるた」「ペーパーチャレラン」「ふれあい囲碁」などである。ルールが守られる中で友達とのコミュニケーションが交わされていく。学級の子ども同士の関係づくりに役だった。

また、負けを受け入れることが難しかった子どもたちも負けを受け入れるようになった。このような取り組みの中で、A君をとりまく環境が徐々に改善されていった。

3　欠席しがちなA君への対応をドクターに確認する

とはいえ、学級の変化は、急激に訪れるものではない。日々の生活の中で、A君と他の子どもたちとの様々なトラブルも起きていた。トラブルが起きると固まるA君だったが、かたくなにその理由を話そうとしなかった。話をすると、思い出してイライラするから無理だというのだ。

四月、A君は週二〜三回の欠席に加え、ちょっとしたトラブルで早退する日が続いた。毎日のように家庭訪問を行い、A君と一日でも早く信頼関係を作ろうと努めた。トラブルについてもA君の思いを予想し、「〜だったんだよね。つらかったね」と声を掛けた。うなずきの反応はある。それを基にしてトラブルを一つひとつ解決していった。

すると一カ月半が経ったころ、A君がようやく様々なトラブルについて話をするようになった。そこで分かったことがある。

A君の過去のいろいろなトラブルは、その一つひとつが解決していなかったということである。だから、トラブルがあっても話をしなかったそうだ。また、嫌なことがあった時、昔のトラブルを思い出し、イライラするということだった。そういえば、A君が急に石を持って女の子たちを追いかけ回したことがあった。四年生の時に、あることで馬鹿にされたのを急に思い出したからだという。

A君の頭の中には、このようなイライラがたくさん詰まっているのだと感じた。この時、A君が学校を休むのは、イライラが落ち着くようがんばっているからだとようやく理解できた。私はA君と相談し、次の約束をした。

週に二回は、気持ちを落ち着けるために学校を休んでもよい。安心してゆっくり休み、エネルギーを溜めて学校に来ること。

今のA君にとっては、学校に来ることは相当な負担のかかることである。無理に学校に来させるのは、得策ではないと考えた。エネルギーを溜めることこそ、最重要と考えたのである。学校に来ると、一二〇%の力で精一杯がんばるのがA君である。そのエネルギー補給には、週二回の休みが必要であると考えたのである。

しかし、A君は真面目である。これまでも欠席してしまっている自分を責めていた。その部分は、取り除いてあげたいと考えた。最初から、「週二回欠席を認める」ことで、堂々と安心して休める状態を作った。私としては、この方針で大丈夫だと思っていた。しかし、保護者としては、不登校にならないかと心配な側面もあるだろうと考えた。

そこで、ドクターの出番である。保護者を通じて、この方針で良いかどうかを尋ねていただくようお願いした。ドクターの回答は次のようであった。

とても良いことです。A君と相談して決めたことも意味があります。

ドクターとは時間的にも物理的にも会うことが難しい現状があった。しかし、このように保護者を通じて連携をとることも可能である。ベストではないが、ベターな方法の一つとして頭に入れておくと対応の幅も拡がる。

ドクターの話を聞き、保護者も、A君も、そして担任も安心した。A君と保護者には「積極的な休み」と伝え、一緒に現状打破に向けた動きを作ることができた。

ただ、積極的な休みを取り入れたからといって、その翌日、元気に学校に来るとは限らない。本人の中に、フラッシュバックによる慢性的なイライラがあるからである。

しかし、効果は違う面に現れていた。友達とのトラブルによって生じていた「早退」が明らかに減っていった。ささいなトラブルでパニックになったとしても、クールダウンし、学校で一日過ごせる日が増えたのである。

その後も、二年間をかけて試行錯誤した。休みを週一回に減らしたり、午後から登校したりするなど徐々に休む時間を減らしたりした。卒業時には、欠席なしで週一回午後から登校することで、心の安定を保てる週も見られるようになった。

長期的に見た時、「積極的な休みの導入」も有効であることを学んだ。そして、それにはドクターの後押しが大きな影響力をもたらすことを感じた。

4　鬱的な表情を軽減する方法はドクターにお願いする

さて、次の問題は、慢性的なイライラに苦しむA君にどう対応するかである。

A君によると、それはフラッシュバックによるイライラだと言う。学級内でのトラブルが少なくなっても、友達関係が良好になっても変わらないらしい。

このイライラは一生つきあっていかなければいけないものであると感じた。併せて、A君は薬が自分に合っていないということも話していた。A君の多動性、衝動性は、強い方である。

日常のトラブルを回避するためにも、それらを抑える薬を服用していた。当初、ドクターはその量を徐々に増やそうと考えており、学校での様子を知らせてほしいということだった。私が見ても、A君は目が淀んだような表情になっていった。

薬の種類を変えても効果は見られなかった。量を減らすと多動・衝動的な行動が強く見られた。保護者を通じて、学校の様子をできるだけ詳しく知らせた。ただ、そのまま続けるだけでは状況が変わらないため、保護者からドクターに次の相談をしてもらった。

イライラによるフラッシュバックを軽減することができないか。多動・衝動的な行動は、できる限り学校側で対応する。

すると、ドクターはすぐに手を打った。思い切って多動・衝動的な行動に対する薬を止めた。そして、フラッシュバックを軽減するための薬を処方したのである。

次の日からA君は、いつも以上の大きな声、ハイテンションで学校に登校するようになった。多動・衝動が抑えられていないので、ずいぶん表情が明るかった。学校の中でコントロールするのには、担任としてずいぶん気を遣ったが、多少のトラブルが生じてもそれに耐える力がA君にも備わってきていた。

様々な状況によってイライラが募り、学校を休むこともあった。しかし、全体的に見ると、状況は好転していた。週に一回の欠席か、週一～二回の遅刻だけで気持ちをコントロールできるようになっていった。

状況を変えたのは、ドクターによる薬の処方だった。薬の処方に関しては、教師がドクターに対してできることは次のことである。

教師による日常の記録の報告と、教師として何ができ、どのようにしたいかという方針を伝えること。

5　ドクターの言葉で中学校に引き継ぎをする

発達障害の子どもたちは、その特性と一生つきあっていく必要がある。だからこそ、担任一人がA君の対応方法を知っていればよいということはない。中学校に引き継ぐことが必要になる。

引き継ぐ際、担任の思いだけを伝えてはいけない。情報が偏ってしまう危険があるからである。保護者や関係諸機関との連携についても伝える必要がある。

また、ドクターと相談したことも、引き継いでいく必要がある。卒業を控えた二月、私はようやくドクターと直接会って話をする機会を得た。A君と保護者を交えての面談である。私はこの時、反省した。この日、ドクターとA君の会話にはっとさせられることがあったからだ。

ドクター「A君が、こんなに話をするのは初めてだね。担任の先生がいるからかな。」
A君「だって、先生（ドクター）とは、たまにしか会わないから時間がかかるもん。」
ドクター「担任の先生がいると、安心なのかな。」
A君「まぁ、それもあるかな……。」

物理的にも時間的にも難しかったとはいえ、この機会をもっと早く作ればよかった。そうすれば、A君とドクターがいろいろと相談しやすい環境を早く用意できたはずだ。今後の教訓としたい。

さて、この場では、環境が大きく変わる中学校に向けての話が中心となった。ドクターからの提案は次のようなことであった。

1　Ａ君の特性を知り、Ａ君が相談できる担当の中学校の先生を事前に検討するよう、お願いすること。
2　入学体験の際に、Ａ君がクールダウンできるような部屋を見つけておくこと。
3　中学校でも、Ａ君が休んだり、遅刻したりすることを認めてもらうこと。
4　新しく出会う子どもたちにも理解してもらえるよう、中学の先生に伝えておくこと。
5　薬の処方について、基本的に小学校の段階と同じ状態でスタートすること。

Ａ君もこの話を聞いて少しほっとした様子だった。担任とドクター、保護者が一体となって取り組む姿を見せることも、Ａ君にとっては良かったのかもしれない。

小学校を卒業する時、Ａ君の目にはクマもなく、青白い表情もなかった。保護者の方が感謝を伝えてくださり、本人も満足して、明るい表情で卒業していった。

それから、二カ月後、中学校の先生に出会う機会があった。Ａ君は、週一回休みながらエネルギーを蓄え、元気に学校へ通っているという。新しい環境、新しい友達ともうまく順応し、楽しく学校生活を送っているようだ。学級委員にも立候補し、張り切って取り組んでいるという。

このような姿は、学校だけの対応では決して見ることはできなかった。ドクターの処方や方針があったからこそである。

ドクターの処方や方針は、常に、我々に安心感と勇気を与えてくれた。

監修者のコメント

医療との連携をとることはとても難しいと言われている。おまけに診療時間は短く、待たされることも多いからである。しかし一日の中で最も多くの時間を過ごす学校と医療現場が連携をとることができれば、子どもは確実に変わっていく。医師と教師が子どものために同じ方向を向いて、お互いの役割分担を理解しあって進めていけば、子どもは驚くほど変わっていく。子どもだって、いつまでも今のままで良いと思っているわけではないのだから。

すべての子どもの成長により良い環境を作る

医師が教育の方法に直接的なアドバイスをしてくれることは、あまりない
しかし、子どもの成長を願い、そのために何が必要か共に考えていくことは、
指導の具体に生きてくる

島根県松江市立島根小学校　小室由希江

1　神田貴行氏の講演から学んだ「環境調整」

毎年、何らかの支援が必要な子どもたちとの出会いがある。特別支援について勉強していて良かったといつも思う。

私たちのサークルでは、坂田幸義氏が「松江特別支援教育研究会」を立ち上げ、市内の小児科医師の神田貴行氏を講師に招いてのスペシャル例会も開いていた。その例会にずっと参加していたことは、とても幸運なことだった。

神田氏は、小児科クリニックの院長だ。そのクリニックは、保育所と児童発達支援センター（発達障害児を含む様々な障害児のための保育所のようなところ）を併設しており、それらの施設利用者が受診することが多いようだ。

すべての教師は学び続ける必要があるという松江特別支援教育研究会の主張に、小児科の医師である神田氏も賛同し、スペシャル例会に来てくださっていた。

ある時の会で、次のような話をしてくださった。

1 漢字の指書きは、紙の上でなく机の上でやる方が抵抗が大きく、それが脳に伝わるから、机の上の方がいいのだろう。

2 人に教える方法は、とても大切である。

3 知識の差がある集団に対して、すべての子に分かりやすくするために、図式化したり、順序立てたりする教え方がいい。

4 子どもの脳は環境によって変わる。
脳はいらないネットワークを切っていく。それには後天的環境因子が大きく関わっている。
上手な子育て、教育が必要。家庭環境も大きい。特に子どもは脳がやわらかいので、脳は環境によって大きく変わる。
すべての子どもの成長により良い環境を作ることが大切。
環境調整が必要である。

この時、「環境調整」の言葉が耳に残った。

「教師は、特別支援の必要な子どもに対して必要な支援をしていく」のだが、支援を環境として考えたことはなかった。

たとえば、教室の前面の黒板の上の掲示をしないという支援は、今や常識となってきているが、学習しやすい環境、生活しやすい環境について、教師はもっと考える必要があるのではないだろうか。

帰りの用意がきちんとできるシステムを教師が用意しているか。
それが教師の声掛け以外でも分かるようになっているか。
反対に「支援が必要だろう」と余計に手を出しすぎていないか。

そういったことを考えた。

学びやすく、力を付けることができる学習環境や、人との接し方、生活習慣を学べる生活環境を作っていくだけでなく、環境を調整する能力が教師に必要だと感じた。

2　一九%……新年度一日目にして支援会議を開く

「一九%」とは、ある年、筆者が担任することになった学年に在籍する、特別な教育的支援を必要とする児童生徒の割合だった。新年度一日目、まだ子どもたちと出会っていなかったから、その数字が本当か、またどのくらいの特別支援が必要となるのかはまったく分からなかった。聞き取りによると、一九%だったのだ。

どのくらいの支援が必要か分からないから、特別支援協力員が来てくれる時間も二～三時間だった。

私の学級に入る予定の支援の必要な子のうち、集団行動の苦手なA児、知的な遅れの心配されるB児の二人が特に心配されていた。

四月一日、「早いうちに会議を持ちましょう」という特別支援コーディネーターに、「今日やりましょう」と声を掛けた。

環境づくりの一歩は、まずは体制づくりだ。

担任一人でできることは限られている。チームで対応していけるようにする。

支援会議を開くのは、早ければ早いほどいい。特別支援コーディネーターといっても自分たちの新年度の準備もあるし、他の学年にも特別支援の必要な子どもがいる。始業式が迫るほど忙しくなる。人が揃っていて、機会があればすぐにでも会議を持つべきである。

さらに、その週のうちに、A児の前担任と保護者、療育担当者、市教委の担当者が集まる移行支援会議を開くこと、A児と保護者に来てもらっての新年度一日目に向けてのリハーサルなど、予定を決めていった。

資料を読んだだけでは子どもの詳細は分からないにしても、ある程度の困難が予想できた。

それに対する対応やら、準備やらが、頭に浮かんできた。

運の良いことに、その年の同じ学年部の先生方は、熱意ある人たちだった。

私が学年分の名簿を作る間に、主任はビニールテープや画用紙の数をチェックして、用意してくれた。赴任して来たばかりの先生は、個人カードを学級毎に振り分けてくれた。言葉が少なくても事が進んでいく学年部だった。こういう人たちは、子どもたちの前でもそうやって先を考え、その場の対応に必要なことは何かを考え、困難を乗り越えていけるものだ。

学年部みんなで学年全員の子どもに向かっていく体制ができた。

3　支援会議

A児についての支援会議が開催された。

保護者同席の支援会義の前に、まずは、前担任、療育担当者、市教委担当者、特別支援コーディネーターによる打ち合わせをした。

療育の時の様子、児童のこだわり、困難、保護者の様子などについて前もって聞いておくことは、大事だ。しかし、子どもについての心配なこと、子どもの苦手なことなどについて、保護者の前では話しにくいこともある。

保護者に安心してもらえることも大切なので、先に他から情報を聞いておいて、その対策について大筋の方針を持って、保護者同席の会議を迎えることとした。

それは結果として良かった。

療育では、スケジュールを先に確認すること、すべきことを写真で見せる等、視覚的に補助をして困難さに対応していたことなどを聞いていた。

A児は、課題に取り組むことが難しかった。どんなことが起きるのか予想がつかないから、取りかかろうとしなかった。大人や周りの人が何とかしてくれそうなのを感じると、まったくやろうとしなかった。

こだわりが強かった。文字が読めなかったので、療育の指導員が写真を使ったカードを用意して指示を目で分かるようにしていた。色も形もまったく同じに揃えられると、「同じ」と満足した。

ある時は、A児のカードを見せると、「違う」と拒否したそうだ。写真に写っていた服が、その時に着ていた服と違っていたため、「こんなのはぼくじゃない！」と激怒したそうだ。

だからといって、絵や図では駄目で、できるだけ正確な写真が必要だった。

嫌な活動では脱走することもあった。

何回も自分の持ってきたものを「見て」と褒めてもらおうとしたり、同じことを何度も口にしていたりするが、人の話は聞こうとしなかった。

指導者側から見たありのままの姿を話してもらえたことは、とても参考となった。

その後、保護者も同席しての支援会議を行った。

A児にも保護者にも良いスタートを切ってもらうという目標に向けて、どうすればよいかを話し合うことができた。初めて会った保護者にも信頼してもらえた。

4　新学期が始まって

写真や絵を使ったスケジュール等は提示しないで、言葉だけにした。A児の様子を見ると、不安そうでもなかった。

いつもお世話をしてくれた友達が同じ組で側にいたから、多少は安心できていたのかもしれない。

そうはいっても、まったく問題がないわけではなかった。

初めて同じ組になった、隣の席に座っていた子が、A児から話しかけられたり遊びのつもりでつついたりされることにストレスを感じてしまい、三日目には保護者から席替えを要求された。

ある日、市教委の相談員が、A児の教育相談前の観察に来られた。

国語の授業では、A児の特性がよく表れたシーンがあったのだが、やはりちゃんとそこを見ておられた。

指示　題名の「あいうえお」を指しなさい。横に、○を書きます。

○
あいうえお

こういうふうにほとんどの子が書いていたなか、A児は言ったことの一部しか頭に残らなかった。「〝お〟に○を書きなさい」と聞こえたようだ。「あいうえお」という詩の中の「お」の字がすべて○で囲まれていた。

相談員からは、「先生は、短い指示を出すなど、うまく対応されていますね。でも、情報の聞き落としなど、彼個人の問題への対応は必要ですね」と言われた。

実際その通りで、授業の準備、帰りの用意、給食当番、掃除など生活上のことでも個別の対応が必要だった。たとえば、学校に置いて帰る物、毎日持ってきたり持って帰ったりする物、金曜日に持って帰り月曜日に持ってくる物の、違いが理解できなかった。

まず全体に指示、次に聞き落としている子たちへの対応、さらにA児の対応と、目まぐるしい毎日だった。いつまでもそれではいけない。

できる環境に変えていかなければならない。

曜日によって持ち帰る物が増えることが分かる仕組みが必要だった。

そこで、金曜日には帰りの用意が終わってから、ふだんとは違って持って帰る物が用意できているか点検させることにした。

でも、これは教師に言われてやっているにすぎない。

そのため、「連絡当番」を作った。「金曜日に持って帰る物」札を黒板に貼る当番である。これは他の子どもたちへの支援でもある。A児の連絡帳を見たあと、黒板を指して、持ち帰る物が書いてあることを知らせた。やがて声を掛けずに指で示すだけにして、最後は指差しも止めた。

忘れていることもあったが、帰りの用意ができるようになり、点検時にはニコニコしていた。

5　文が書けない

松江特別支援教育研究会のスペシャル例会の時、参加者から、

「日記が書けない子どもにどう指導すればよいか教えてください」

という質問が出た。

質問者は、一緒に対話しながら書かせているが、「自力でやらせることが大切」という意見もあって迷っているとのことだった。

日記を書くのが苦手という子どもは、「書くことがない」と言う。

実際は、書くことがないわけではない。「こと」はあっても、何をとりあげるのか、どう書いたらいいのか分からなかったり、忘れたりしているのだ。

しかも、「思ったことを書きなさい」という人もいる。日記を書くことが苦手な子には、これもまた困る。「何も思わなかった」と言う子もいる。書いたとしても、「面白かった」「楽しかった」と簡単な言葉しか浮かばない子たちが多い。特に低学年ほど、聞いたり見たりしたことを書くということが、とても難しい。

神田氏は医師なので、指導の仕方についてはコメントをされなかった。しかし、次のように言われた。

低学年は、一緒に記憶をたどってあげることが大事な時期です。

人は興味のあることや強烈な印象があったことはよく覚えているが、出来事の七割から八割は忘れてしまうものである。

さらに、小学生の時期は丸暗記など、覚えようと意識して覚える「意味記憶」が発達していて、特に覚えておこうと意識しなくても自然に覚えている「エピソード記憶」が優勢になるのは中学生ごろであると言われている。だから、覚えていることはパッと出てくるが、記憶をたどっていくことは苦手であっても不思議ではない。

記憶をたどらせる経験が必要だ。

私のクラスのA児もB児も、観察カードを書いたり、日記を書いたりすることがとても苦手だった。「さあ、書きましょう」では、書き始めることができなかった。

A児は、知的な遅れはほとんど見られなかったけれども、書き始めることができなかった。たとえば、「運動会のことを書こう」と言われても、黙ってキョロキョロしたり、手悪さをしたりしていた。「忘れた？」と聞くとうなずいた。

B児は、知的な遅れがあり、語彙が少なかった。人の真似をすることはできるのだが、人の作文をのぞき見て丸写しになってしまうこともあった。

そこで、記憶をたどるステップを作ることにした。

①はじめのエピソードを明らかにして、一文目を決める：スタートを明らかにする。
②はじめのエピソードから、「次は？」と質問する：エピソードを思い出させる。
③最後のエピソードを明らかにして、最後の文を決める：ゴールを明らかにする。これは、二人だけに特別に行うわけではない。

たとえば、授業で運動会の作文を書く前に、みんなに向けて発問した。

発問　運動会のことを作文に書きます。どんなことがありましたか？

「玉入れ」「五〇メートル走」「大玉転がし」……と、どんどん出てきたことを板書した。

指示　①まず、どのことを書きますか？　一つ決めて、ノートに書きなさい。

ノートに書いてあれば、教師がそれを見て補助発問を出すこともできる。書いてあることから決めればよいので、どの子も書くことができた。

指示　②他に書きたいことを選んで書きなさい。

低学年だったら選ぶ数を決めたり、自分の出た種目に限定したりするとよい。

それから作文を書かせた。

全体が作文を書き始めたら、個別支援の開始だ。

指示　①は○○なんだね。「○○をしました」と書いてごらん。

何を書くかが決まっているから、A児もB児もすんなり一文目を書いた。

発問　誰が何をしたの？

A児の場合は、右の言葉に加えて「『○が、△しました』だね」と、文章の形で言い直すことが必要だった。その文が書けるたびに、「書けたね」「もう○行も進んじゃったね」と褒めていった。

B児は、「じゃあ、それ書いてごらん」と言うと書くことができた。時々、自分で言ったことを忘れたり、語彙が少なくて言葉が出てこなかったりするので、言葉のヒントを出していった。B児は、「先生、もうこんなに書いたよ」とニコニコしながら話しかけてきた。「すごいね」「もうそんなに進んじゃったの？」と驚いて見せるを言われた。

神田氏は、子どもの自尊感情を高めることが大事だとよく言われる。日記指導のコメントの際にも、次のことと喜んでいた。


子どもができることで、自尊感情を高めてあげることが重要。


「できた→褒められた」が、子どもの自尊感情を高め、その繰り返しが次の活動や他の学習への意欲を作っていく。

日々の指導の中で、ステップを刻んで提示したり、分かりやすい工夫をしたりすることで子どもたちに達成感を味わわせ、自尊感情を高めていくことが必要である。

6　一年を終えて

A児は、とび縄を回すことすらできなかったのだが、上手に回せるようになり、夢中になって練習をした。そして、友達にいたずらをして気を引こうとしていたのがなくなり、「縄とびの勝負しよう」と自分から声を掛けられるようになった。朝、学校に来たら提出物を出すこと、牛乳パックをきれいにたたむこと、引き出しやロッカーに物をしまうことなど、一つひとつ覚えていった。学年全体で集まっていても、どこにいるか分からないくらい落ち着いた生活をしている。

B児は、支援会議や教育相談も実施することができ、個別に学習をする取り出し授業が行われることになった。その時間は、のびのびと自分の力を発揮できるので、学校での学習の楽しみの一つとなった。私は異動することとなったが、支援の機会を増やすことができて良かったと思う。

私の事例では、神田氏に直接的なアドバイスをもらったり、子どもを見てもらったりしたわけではない。しかし、自らの仕事を振り返った時に、自分に欠けていた考え方を教わることが多くあった。

共に事例を検討する中で違う視点からの意見を聞くことは、ある時はその実践が有効であることの裏付けとなり、ある時は自分たちに必要なことを学ぶ重要なアドバイスになる。

すべての子どもの成長により良い環境を作ることができるよう、医教連携の学習会の場を作り、多くの先生たちに勧めていきたい。

ドクター（神田貴行氏）のコメント

小室先生のようにキーワードが耳に残るのは、やはり普段から意識してよく勉強をしておられるからだと思います。支援が必要な子どもたちは視覚優位でワーキングメモリーの障害のある子、すなわち視覚からの情報入力が得意である一方、その情報を一時的に保持しながら処理することが苦手な子が多いので、長さや広さ、区切れなどを視覚的に表現したり、シンプルな図や文字や写真、フローチャートなどを用いた形の残る指示をスモールステップで出したりする方法が有効です。よく自閉症児の療育などで用いられるＴＥＡＣＣＨ（自閉症及び関連するコミュニケーション障害を持つ子どもたちのための治療と教育）プログラムの中で「時間や空間を構造化する」「視覚的な手がかりを使う」と表現されています。

持って帰る物の札を作ったこと、それを繰り返して提示することはとても有効です。連絡当番という簡単に実現可能な役割を子どもに与えて、達成後にみんなの前で褒めてあげると、さらに本人の自尊心を高めることになるでしょう。作文に関しても、上記の理由から時系列で想起することは困難です。「いつ」「どこで」「だれと」「何をした」とか、「まず」「次に」「だから」とか、作文のパターンを決めて支援することが重要と考えます。

監修者のコメント

一人の支援者は子どもの一部についてしか情報を持っていない。時間経過も分かっていない。子どもを様々な面から評価し、継時的な変化を知ることは、次の段階への子どもの指導につながっていく。継時的なことの代表である日記についても、バラバラの情報を思い出し、時間経過で並べかえ、重要なことを選び出し、読んでくれる人を思いながら書くことが重要であることを教えてあげたいですね。

医教連携で女児の顔に笑顔が生まれた

ドクターの指導方針を基本に取り組み、女児が劇的に変化した

島根県大田市立川合小学校　丸亀貴彦

1　N児の難しさ

N児（女児）は入学した時から目を引いた。体が小さく、その上、幼少期に股関節脱臼をわずらっていたせいか歩き方がぎこちなかった。外見は一年生の中でも飛び抜けて幼い印象を持っていた。ある日の体育の時間に、彼女は授業に参加せず中庭をうろうろと歩き回っていた。その光景を見て、彼女に駆け寄って「どうして体育に行かないの？」と穏やかに聞いた。しかし、彼女は目に涙をいっぱい浮かべたまま言葉を発しない。言葉の難しさも持っているのだと実感し、担任はその旨を報告した。しかし、具体的な手立てがとられることはなかった。四年生になった彼女を私が担任することになった。そこで、彼女の困難さを目の当たりにすることになる。

指示が理解できない。

言葉をけずり、短い言葉で指示を出すように心がけていた。大半の子には分かりやすいと好評であった。しかし彼女には、まったくその意味が理解できていないように映った。きょとんとしているのである。でも彼女は動けた。なぜか？　周りを見て同じ動きをすればいいと生育歴の中で学んできたようであった。常に誰かの後につ

いて行動していた。周囲の友人のサポートも厚く、彼女が困っていそうだなと思うとすぐに手を差し伸べてくれた。非常にありがたいと思うと同時に、別の集団に入った時、彼女はやっていけるのかと不安が頭をよぎった。

言葉が出ない。

四年になっても発話はたどたどしかった。音読等はできる。しかし、日常の会話がうまく成立しないのである。あまりしゃべらないおとなしい子、というのが彼女の校内での印象であった。担任をして、この見解に疑問を抱いた。しゃべらないのではなく、しゃべれないのではないかと。

問題の意味が理解できていない。

計算はすらすらとではないができる。九九も覚えていた。しかし、機械的にやっている感は否めなかった。事実、計算問題はできるのだが、文章題はまったくできなかった。その時できていた計算も、少し時間をおいて取り組ませるとやり方がすっぽりと抜け落ちていることもあった。学習が積み上がっていかないのではと思わずにはいられなかった。

ぎこちなさ。

ぎこちなさも改善されていなかった。とにかく一つひとつの動作が硬い。動作だけでなく、表情も硬いのである。笑顔が少なく、常に緊張しているのではないかと思われるような硬さを表情に感じた。体も弱かった。すぐに発熱し、休むことも多かった。

以上のような点を踏まえ、連携を視野に入れて行動を開始した。

2 保護者との連携の構築

四月の家庭訪問の際、彼女の良さを認めた上で最後にこう切り出した。

「Nさんは本当によくがんばっています。でも、無理をしすぎているんじゃないか、がんばりがストレスになっているんじゃないかと、担任として責任を感じているところもあります。何かご家庭でも気づかれることがありましたらお伝えください。私も何かありましたら報告させていただきます」

保護者との出会いの段階では、以下の二点を意識した。

①困難さは極力伝えない。
②指導の工夫といった、指導者側の努力の必要性を強調する。

これは功を奏した。それ以降、母親から気になる点について連絡帳で報告が届くようになった。その中で判明したことがあった。前担任（講師）は「大丈夫ですよ」と家族に伝えていた。少なくとも母親は何らかの危機感は持っており、前担任にも相談していたのだ。しかし、前担任から特別支援コーディネーターや管理職に相談の事実は告げられていなかった。何の根拠もなく「大丈夫」と言っていたのだ。この事実を知った時、家庭訪問でマイナス面を列挙しなくて良かったと改めて感じた。場合によっては、前担任の先生は大丈夫と言ったのにと切り出され、関係が悪化していたかもしれない。

以下のことは肝に銘じておかなければならない。

安易に「大丈夫」という言葉を口にしてはいけない。

ともあれ、相談が届くようになったので、次の手を打った。

特別支援コーディネーターにその旨を伝えた。コーディネーターは、突っ込んだ話は自分の方で行うので、家族の方と面談する機会をセッティングしてほしいと言われた。この時の勤務校のコーディネーターは研修を積み、専門的な知識も豊富であった。担任の口からでは言いにくいことも、第三者のコーディネーターの口から言ってもらえるので非常に助かった。コーディネーターが頼りにならないため、担任が言いにくいことを切り出さなければいけないケースも多いと聞く。そして保護者との関係が悪化し、修復が不可能な状態になったという例も聞く。次の原則は貫いた方がいい。

言いにくいことは担任外が言う。

夏休みまであと少しというところで母親から連絡が入る。個人面談に義理の妹も同席させて、一緒に話を聞かせてほしいということであった。何かあるなと思った。しかし、誠心誠意対応させてもらおうと考え、その日を迎えた。N児の叔母にあたるという方は、次々と質問をされた。かなり突っ込んだ専門的なものであった。たとえば「どうすればNの難しさが詳しく分かるのか?」「進路選択としてどのような道が考えられるか?」といったことであった。知っていることについてはお答えした。分からないことについては正直に「その点については私も分かりません」と答えた。一通り話が終わったところで、叔母はこう切り出した。

「今回の面談にあたって、友人の養護学校の教師にどんなことを聞けばいいかを尋ねてきました。その時に聞いた話と先生が今回された話は一致していました。どうか今後ともNのことをよろしくお願いします」

このケースから、不勉強の恐ろしさを改めて実感した。家族は悩んで、いろいろな方にアドバイスを求めたあとに学校と面談するケースもあるのだ。

特別支援についてはよく分かりません、などとふにゃけたことを言える時代はもう終わった。

この件で、さらに学校に対する信頼が増した。夏休みのコーディネーターとの話も円滑に進んだ。支援学級に入級という話も持ち出され、父親と祖父が難色を示したが、まずは検査や受診をした上で考えようということで落ち着き、夏休みの間に受診することが確認された。

3　サードオピニオン

N児は夏休み、近隣の医療機関をまず受診する。そこでの対応に疑問を持った家族は、児童相談所に行き、セカンドオピニオンを求めた。ここでも、曖昧な答えしか返ってこなかった。そこで保護者は、様々な方に相談を持ちかけ、ある開業医S先生へたどり着く。S先生の医院では最初に問診、日を変えて検査（WISC－Ⅲ）、そして検査結果の説明、という今後の見通しを保護者に分かりやすく説明してくださったらしい。そのことで保護者も先生のことを信頼し、この病院でお世話になることを決めたということであった。

私は、受診を決められたあとも、その後の対応について定期的に保護者に確認するようにした。経過があいまいになることを避けたかったからである。連絡帳でN児の良さを伝えるとともに、二週間に一度程度、電話で「その後いかがですか?」とそれとなく様子を尋ねた。そして必要なことがあればコーディネーターや管理職に電話した。担任には次の役割がある。

経過の把握と報告、相談。

検査結果が出た日の夕方、学校の電話が鳴った。

母親から、次のように言われたと報告を受けた。

「おおごとだった。就学前の能力である。極端なストレス下で、学校でも家でも生活することを強いられている。早急に取り出し授業を行うように学校に働きかけてほしい」

来年度の支援学級の入級に難色を示していた父親もこれまでの娘への対応を反省したという。

私の方も、早速コーディネーターと、両親からの要望に応えられるように取り出しを検討した。何とか、国語と算数は対応できる見通しが立った。その上でS先生に連絡をとった。島根県では県が負担をし、ドクターに三〇分相談できる事業がある。その制度を使った。

事前に次の資料を作成し、送っておいた。

Aクリニック
S先生

ごぶさたしております。B小学校四年担任の丸亀貴彦です。この度はNさんのことで大変お世話になりました。おかげさまで本人にとって良い方向に事態が動きつつあります。受診後の簡単な経過報告と今後の対応について質問をさせていただきます。

1

受診後の経過

九月二七日　両親が受診

一七：〇〇ごろ母親より学校に電話。次のような報告を受けた。

①開口一番「おおごとだった」。幼稚、自分のことをうまく表現できない、集団生活はむずかしいと言われた。

②家でも学校でもストレスが大きい。すぐにでも通級、取り出し授業を考えてもらうように学校に伝えるようにとのことだった。

③家でも怒ってばかりだった。怒らないように心がけたい。

報告を受けて校内でも対応を協議、一〇月五日に保護者に来校してもらい基本方針を伝えた。方針は次の通り。

①国語、算数については校内通級の形をとる。これにより毎日二時間は取り出し授業指導を行えることになる。

②学習内容は当該学年（四年）の内容ではなく、一年生の内容から再スタートするつもりで行う。

③当該学年の学習ではなく彼女のペースにあった内容を行う。このことについては保護者の同意が必要である。

④算数と国語、当該学年の学習は今年度は行わない。来年度は特別支援学級の入級を考えてもらうことになるだろう。

父親が入級に対して一学期否定的であったが、親族の働きかけもあって、この時は入級についても同意された。

校内通級は一〇月一四日より開始した。Nさんについては以下のようなことが見られた。
①通級に抵抗なく行く。
②表情が豊かになった。
③一年生程度の宿題が支援学級担任から出されているが、それが全問正解していることを喜んだ。
④通級をしていることについて周囲の目を気にするような感じはない。
⑤支援学級の二年児童に負けまいとするような態度が見られるようになった。
私が担当する教科ではとにかく負担を減らす、叱責は絶対しないことを心がけている。学級で固まったり、困った顔をすることは特になかったように感じている。

なお、母親は通級をするようになってきめ細かく見てもらうことを喜んでいる。母親からは、家では相変わらず自分で学校の準備等がてきぱきとできないのでイライラすると一度相談を受けた。することのリストを作ってできたことを褒めるようにするといいですよ、リストは目に見えるように貼っておくといいですよと、アドバイスをした。

2　質問
以下のことについてお教えください。
①もう少し突っこんでNさんの検査等の結果についてお教えください。
②受診後の学校の対応で足りない点、このようなこともすると良いということがあれば教えてください。
③四月からの支援学級の入級に備え、今年度中に特にNさんについてこの力を継続して鍛えておくと良いということがありましたら教えてください。

④Nさんについてこれは絶対に押さえなくてはいけないポイント、逆にこれは絶対にやってはいけないことがありましたら教えてください。
⑤今後の進路について、だいたいどこを目指していけばよいのか目安を教えてください。
(例　養護学校の分教室相当なのか、中学校の支援学級相当なのか)
⑥すわっている時、姿勢がよく右に傾いています。筋力が弱いことが原因のようにも思いますが原因と改善方法について教えてください。
⑦両親のコミュニケーション能力にも難しさを感じます。なかなか理解が難しいと感じることもあります。このように付き合うといいよということがありましたら教えてください。
大変お忙しい中、時間をとっていただき感謝しております。何とぞよろしくお願いします。

ドクターからは次のアドバイスをいただいた。

①能力が非常にアンバランス、ボーダーライン上のお子さん。
②軽度の知的障害と考えられる。
③人との関係を良くしようと自分を抑える傾向がある。
④自分を認められず、人からの影響を受けやすい。
⑤不安定。
⑥働きかけがうまくいかない。
⑦人間を捉える力が弱い。
⑧能力が高くないことに加え情緒的な幼さがある。家庭でも支えられていると思えていない。

⑨言葉を発したり、言葉を理解したりする能力、コミュニケーション能力ともに低い。

↓

このような状況から支援学級が相当であり、継続して個別の支援が必要である。今後についてはコーディネーターとよく相談してほしい。進路については学年ごとにWISCをするなりして状態を把握した上で判断してほしい。検査は学校でもいいし、病院で引き受けることもできる。ボディイメージを持たせる個別の体力トレーニングを入れてほしい

⑩家庭機能が低いと伸びるものも伸びない。特に母親の支援が必要。

⑪家族全体を支えていく方策も必要。保健師と連絡をとってほしい。

この後、半年間の通級指導を経て、彼女は特別支援学級入級となった。入級を検討する就学指導委員会の席で驚くべき事実が明らかになった。なんとN児は就学前に別の医療機関で広汎性発達障害の診断が下っていたのである。しかし、母親にはそのことが理解できていないようで、その時は対応ができなかったのだ。医療機関や行政からの働きかけもなかったようである。一年生の時に対応が始まっていればまた別の展開もあったかもしれない。しかし、悔やんでいても始まらない。これからどうするかが大切である。

ドクターにいただいた指導方針を基本とし、支援学級での取り組みが始まった。支援学級での学習は、驚くほど彼女にマッチした。笑顔が増え、表情や動きも柔らかくなった。学級では二年生の女児のお姉さん役の自覚も芽生えてきたようで張り切って勉強する姿も見られるようになった。以前のクラスメートがこれまでと変わらない態度で接してくれたことも追い風となった。一年後、私は異動となる。その時に母親からいただいたメールが残っている。最後に紹介する。

先生のおかげさまで娘がイキイキしてます！　本当にありがとうございます。親子共々がんばりますのでいつまでも見守って下さいね（^-^）

監修者のコメント

子どもが自分の能力にあったレベルの教育を受けられることが大切です。しかし我が国では個別教育を受けることは差別であり、恥だと考える風潮があります。海外（欧米）では異なっていて、特別なサービスを受けることがその子どもの権利であり、将来のためになると考えます。日本も早くそうなると良いですね。

酒井式描画指導法オリジナルシナリオで、図工が大嫌いなＡ君が変わったドラマ

絵が描けず、図画工作が大嫌いな子が、酒井式描画法によって満足のいく絵を描く

島根県海士町教育委員会指導主事　坂田幸義

1　図画工作が大嫌いだったＡ君

低学年のＡ君は図画工作の時間が大嫌いだった。

Ａ君の特性として次のことがあった。

不器用。

微細運動（手先の操作）が不器用なので、指や手首の関節で調整しながら文字や絵をかくことが苦手だった。

当然、図画工作の時間も大変だった。クレヨンの箱を見ると、クレヨンはどの色もボキボキと折れていた。力の加減ができないためだろう。絵の具を使わせてみると、パレットはすぐに真っ黒になった。机の上は絵の具や水でぐちゃぐちゃ……。画用紙が汚れ、水浸しになった。

A君は、さらなる困難も抱えていた。

形の認知の弱さ。

たとえば漢字では、字形の認識が苦手だった。

だから当然、人間のように形や動きが複雑なものを認識して描くことなど無理な話だった。だからA君の絵に現れる人間は、幼児の描くような人間か、あるいは棒人間かのどちらかしかなかった。

四月、A君に出会って、教室の後ろ側に学級全員の絵が貼られた場面を想像してみた。A君の絵だけずば抜けて幼く、見劣りがすることは容易に想像ができた。「自由に描いてごらん」という、一見子どもの発想や思いを大切にしたようで実はいい加減な描画指導では、A君がまともな作品を仕上げることができないことは明らかだった。

2 神田貴行ドクターからの教え

私が代表を務めるTOSS松江では、平成二四年二月から小児科医の神田貴行ドクター（社会福祉法人つわぶき やましろクリニック院長、医学博士、日本小児科学会専門医）と出会い、連携して発達障害の学習を行ってきた。

二四年三月の例会で、神田ドクターは次のように話された。

スモールステップで低いハードルを越えることを積み重ね、達成感や自尊感情を高めていくことが大事です。

ドクターには「自尊感情を保つ・高める」診療という理念があり、TOSS指導法と思想が一致していた。

三月例会でドクターが示した二つのキーワードはそのまま、四月に出会ったA君への描画指導の方針にもなった。

①スモールステップ。
②達成感と自尊感情の育成と向上。

ドクターのアドバイスから、A君に必要な描画指導はこれしかなかった。

酒井式描画指導法。

スモールステップで描き方を示し、褒めて褒めて描かせ、クラス全員に一人ひとりが納得できる作品を保障する酒井臣吾氏の描画指導法。A君の自尊感情を高めてあげたかった。

3 まずは学級の実態をつかむ

六月、図工で運動会の絵を描かせ、絵の具で塗らせた。A君をはじめとして、クラスの子どもたちの実態を探ることがねらいだった。

取り組んで分かったが、A君だけでなくクラスの子どもたちのほとんどが、道具の扱いが下手だった。三原色+白色で肌の色を作らせてみたが、それだけでずいぶん時間がかかった。絵の具の混ぜ方、色彩と色彩の組み合わせなどが直感的にできる子どもが少なかった。用具の扱いも不慣れで、私が想像していた二倍は時間がかかった。

前学年までに、絵の具をどの程度使ったのか？　そこで何を学び、身につけたのか？

明らかになったのは次のことである。

正しい描画指導を必要としているのはA君だけではない。

ターゲットはもちろんA君だ。しかし、A君だけへの個別指導になってはいけない。

次のことこそ重要だった。

ある子への支援が、クラス全員への支援になっている。

まずは、正しい道具や絵の具の使い方の指導を行うことにした。本当なら、運動会の絵を描かせる前にやれば良かったのだが……。私の認識の甘さだった。

4　パレットの使い方を丁寧に教える

A君は机の上がすぐにぐちゃぐちゃになる。

本当に必要な物だけを机の上に出させる。

この指導をクラス全員に徹底させる。これが指導の第一歩目となる。

パレットの使い方も丁寧に指導する。パレットの小さい部屋に出すのは三原色＋白色のみ。一番左の部屋に白色、一つ空けて赤色、また一つ空けて黄色、さらに一つ空けて青色。このような色の出し方を基本とすることを教える。

筆に赤をちょこんととって、大きな部屋に広げさせる。この時に、大切な指導がある。子どもたちに指を使って五百円玉の大きさを作らせて実感させる。そして、説明する。

五百円玉の大きさと同じくらいに広げるのですよ。五百円玉より大きくならないようにね。

色を広げる大きさを指定しておくのだ。こうすることでA君がパレットを一瞬にして汚してしまうのを防ぐことができる。

5　酒井式描画ワークで絵の具の基本を学ばせる

教材として使用したワークにあるカメレオンの彩色。A君は生き物が好きだ。大嫌いな図画工作でも、何かで引きつけなくてはならない。

今日は、カメレオンを素敵な色で塗ります。

この説明で、A君の顔が明るくなった。カメレオンの生態を知っている子が口々に言う。

「カメレオンって色が変わるんだよ」

「周りの色と同じ色になるよ」

そんな話をA君も興味を持って聞いていた。私が続けて言う。

なんと、カメレオンは……三匹もいます！

「やったー」と歓声があがった。たかがワークを配るまでのほんの少しのやり取りである。しかし、教師のほんの少しの工夫でA君はやる気になり、どのような学習であれ、巻き込むことができるのだ。

上がA君の作品だ。一番下のカメレオンに緑色から塗り始めていた。

A君は放っておくと色を混ぜすぎて、暗くて汚れた色を作ってしまう。この段階だけは個別について指導した。A君がきれいな緑色を作ったので、そこで声を掛けた。

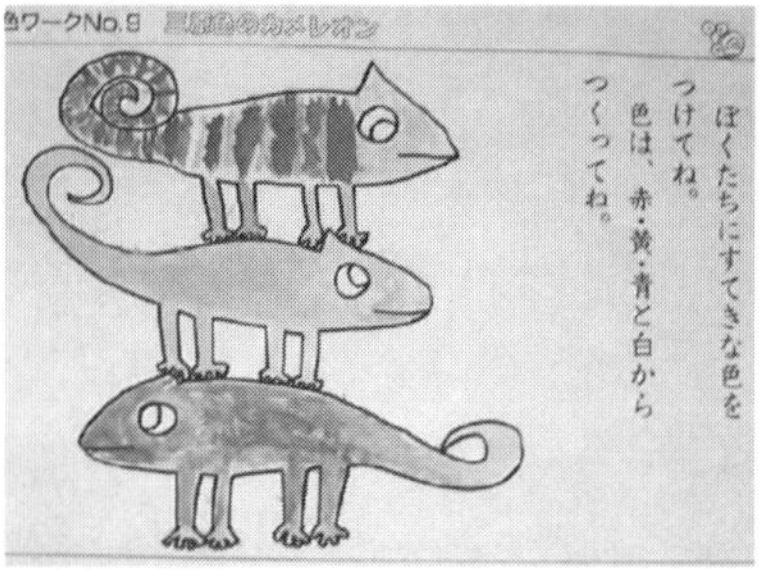

A君、その緑色、ステキ！

彼は自分の作った色に納得して、一番下のカメレオンに着色した。教師が色を作ったり、色を決めたりしては駄目だ。しかし必要な指導ならば、作ったり決めたりしてもよい。しかし、最後にはこれが必要だ。

子どもに決めさせる、納得させる。

最後の最後には子どもの手柄にしてあげることが大切なのだ。

A君は、二匹目のカメレオンは水色で塗った。そしてドラマが起こったのは三匹目のカメレオンだった。

前ページ下の写真はA君とは別の子どもの作品だ。図工が得意な子で、一番下のカメレオンからすでにグラデーションの手法で塗り分けていた。子どもたちに紹介し、「スーパーおしゃれカメレオン」と命名していた。

それをA君が、三匹目のカメレオンでまねしてみせたのだ！

結果、私はA君があまりに上手にできたのでびっくりした。私がやったのは次のことでしかなかった。

①学習環境を整える（机の上の物を限定するなど）。
②学習過程をスモールステップで示す（「自由に描いてごらん」では駄目）。
③手本を示す（友達のカメレオンを紹介したように）。
④支援はするが、上手に本人に決めさせる（「緑色ステキ。これで塗ってみる?」→「うん」というやり取り）。
⑤何度も何度も褒める。

このような指導を通して、絵の具の基本をA君はじめ全員に教えた。

教えて、褒める。

この繰り返しが、ドクターの言う「自尊感情と達成感の向上」につながる。

6　酒井式オリジナルシナリオで打率一〇〇％の描画指導に挑む

A君と出会う前に担任していたクラスに、支援を必要とする多くの子が存在していた。その子たちのために楽しくて全員が自分の作品にうっとりする描画指導がしたいと、酒井式のオリジナルシナリオの開発に挑戦していた。開発し、実際に子どもたちにも授業をした。

まずは、その時のことを書いておく。元の絵本は『お月さまをのみこんだドラゴン』。フィリピンの民話を題材にした絵本だ。月を描く場面では酒井式の色のグラデーションを学習できる。月が映える海。これも酒井式ですでに指導法が発表されている。

さらには子どもが大好きなドラゴンが主人公。ドラゴンは男の子でも女の子でも「描いてみたい！」という気持ちになる。

7　教師が自分で何枚も描くことで、子どものつまずきに気づく

一年前の夏には、自宅の書斎でずっと自分で描いてみた。

自分で何回も描いてみる。

自分で描くから子どものつまずきが分かり、予測できる。これは、当時、私が描いてみた中の二枚。描くことでたくさんの気づきがあった。

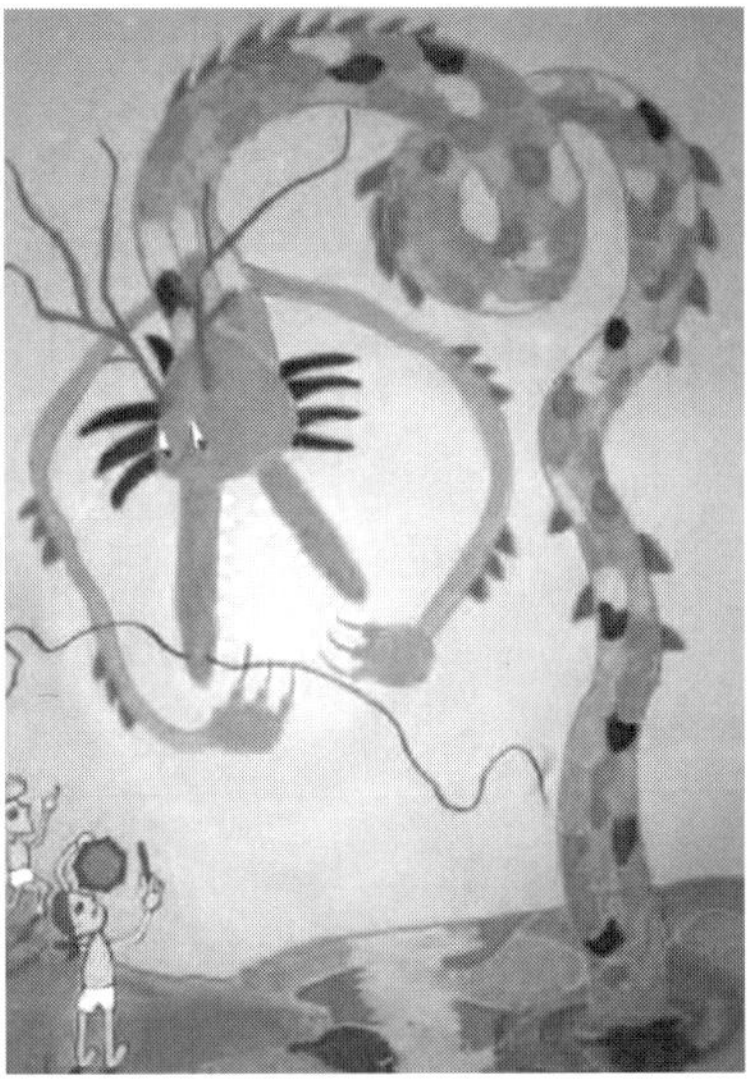

①いきなり月を描かせるのは無理。月は月で塗り方の指導を分けて行う。
②ドラゴンは誰にでも描けるようにデフォルメする。
③鱗は小さくなりすぎると枚数が増えて着色が大変。数を示して描かせる。

気づきは一〇も二〇もあるのだが、ここでは省略する。そして秋に、当時の二年生に実践。やってみて分かったこともたくさんあった。一つ紹介する。

顔の輪郭→しっぽ→胴体→手の順で描かせてみた。
そこである問題が生じた。
口を描くべき場所に手がある子が数名出た。

私のミスだった。構図を面白くさせたいという指導者の思いだけが先行してしまっていた。輪郭を描いて口を描く方が、自然な思考の流れでもある。そのことに気がつけていなかった。そこでA君の年には手よりも先に口を描かせることにした。

エラーレス・打率一〇〇%を目指し、常に指導を修正する。

支援を必要とする子に対峙する時に、最も大切な教師の姿勢だ。たったこれだけのことだが、子どもにとってはよりエラーレスな学習に近づくはずだ。

前年は、自分の意図が先にたってしまい、無駄なエラーをさせてしまっていた。前年の子どもたちが、それを教えてくれていた。

8　見本を示し、見通しとやる気を持たせる

前年の反省を生かしてA君たちの学習に入った。絵本を読み聞かせ、お話の絵を描くことを伝えた。子どもたちがドラゴンを描くことにワクワクしているのが分かった。しかし、どんなふうに描いていいのかが分からず不安を感じている子どももいる。A君もその一人だ。

ここで役に立つのが、教師が自ら描いた作品だ。それを一枚ずつ見せていく。

ドラゴンが月を上からがぶっと飲みこもうとする絵。ドラゴンが海の中から登るように現れて月を飲みこもうとする絵。さらには、ドラゴンを追い払おうと、人が太鼓を叩いている絵。

子どもたちは一枚見せるたびに歓声をあげた。

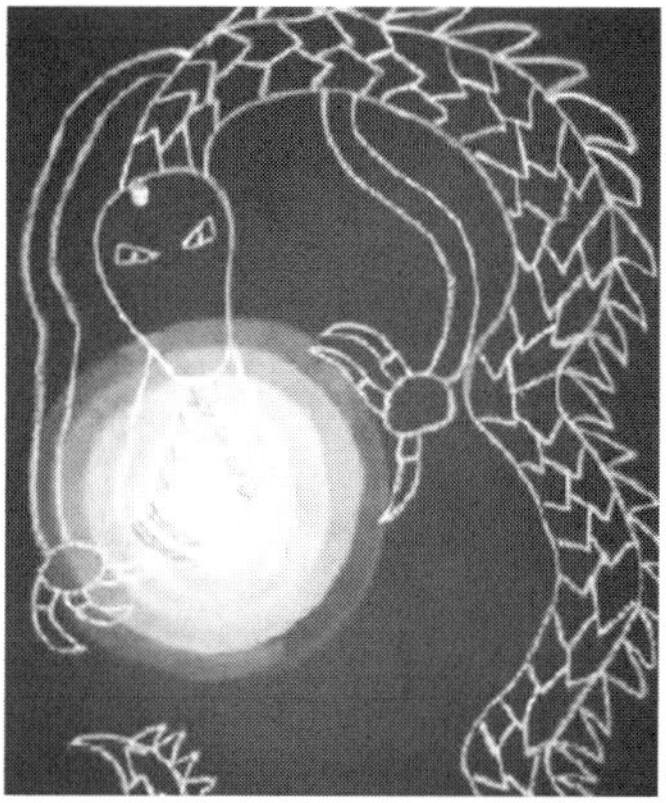

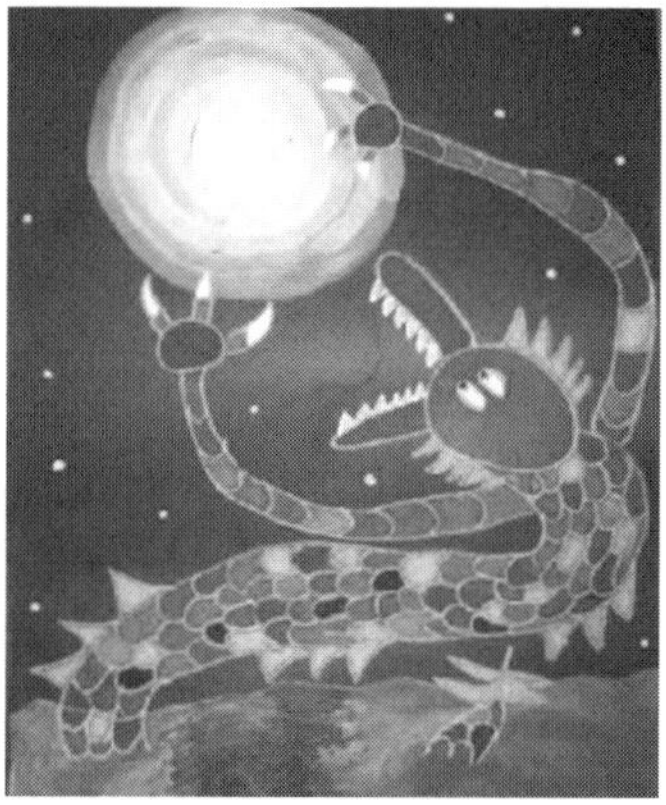

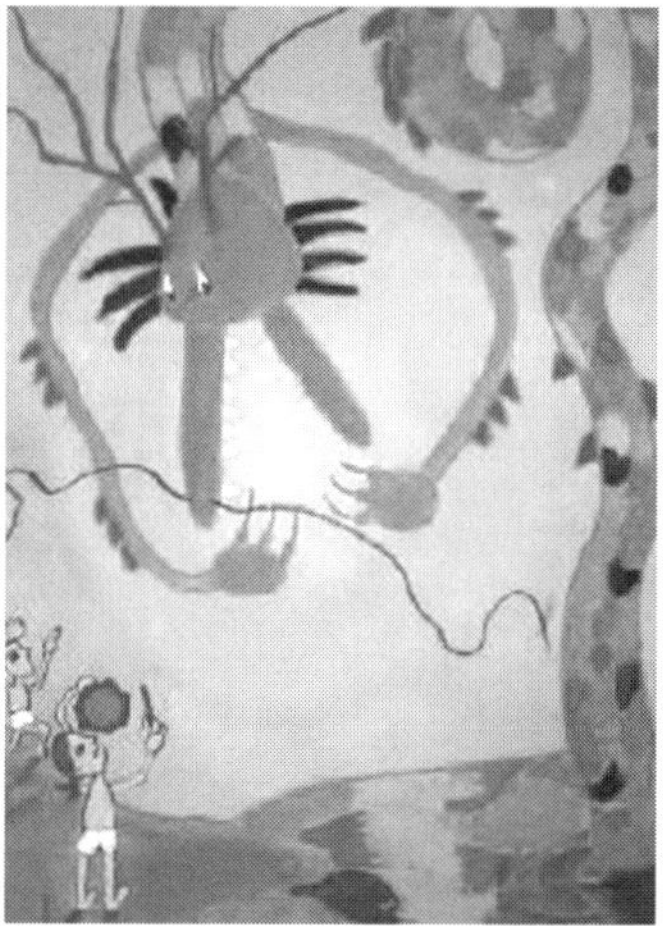

このステップがA君はじめ支援を必要とする子どもたちには必要なのだ。

できそうだ、やってみたいという気持ちにさせる。

私自身、酒井臣吾先生のセミナーで酒井先生の指導を受けたことが何回もある。酒井先生は自分の描いた作品を惜しげもなくたくさん示される。

その上で、子どもたちを（大人も）自分の周りに集めて、描くところを直接見せながら教えてくださる。

絵の技法だけでなく、そのような伝え方も大切な教える技術なのだと痛感する。

9 指導は細分化するが、シンプルに

子どもたちのできそうだ、やってみたいという気持ちが高まってきたところでドラゴンの描き方を教えた。

①輪郭を描く（まるか長まるを描く）。
②口のパーツを二つ、輪郭につなげて描く。
③目を描く（目玉はまだ描かない）。
④口のパーツに歯を描く。
⑤ヒゲを描いたり輪郭の横からトゲトゲを生やすなど、自分だけのかっこいいドラゴンになるように飾りをつける。

これだけである。指導はスモールステップで細分化せねばならないが、その一つひとつはシンプルでなければ

ならない。本当にこれだけで、どの子どももドラゴンの顔を描くことができた。

一方、シナリオを作って描かせる酒井式に対して、子どもの個性がなくなるという批判をする方が時々おられるが、そんなことはまったくない。

ドラゴンの顔を同じステップで描かせても、下のように、別の顔になるのである。まあるい目と四角い目、縦長の顔と横長の顔。歯だってまるで違っている。

自由に描いてごらん、という指示では、普段から生き物や恐竜が大好きで描き慣れている子しか描けないのである。そのような指導は、打率一〇〇％にはほど遠い。

10　本番前にしっかり練習をさせる

ドラゴンの描き方は顔だけではない。酒井式のシナリオを参考に、ドラゴン完成までのシナリオも模索した。

一年目の実践を踏まえ、二年目は次のシナリオに固まった。

①顔の輪郭。
②口。
③目（目玉は描かない）。
④歯やヒゲなどの飾り。
⑤しっぽ。
⑥胴体→頭（頭）としっぽをつなぐ。
⑦手の甲。
⑧指やつめ。
⑨腕→手の甲と胴体をつなぐ。
⑩目玉を入れる。
⑪鱗。
⑫背びれやヒゲ、角など自由に飾りつけ。

⑤から⑨までのステップは、画用紙に描き出す前にA３用紙を配り、スモールステップで描かせて練習させた。

次ページの上がA君の作品。下が他の子の作品。A君のがんばりが分かっていただけると思う。

実はA君の絵には、私が赤鉛筆で薄く薄く線を描き、A君がなぞった箇所がある。向山型算数の赤鉛筆指導は、絵の指導でも応用できた。

11　苦手な人物を簡単に描かせる

酒井式描画法では、人間の動きを描くトレーニングが開発されている。これを教えると、子どもたちは苦もなく人物を描き始める。手足を上げたり、横向きになったり、洋服を着せたり、子どもたちがいろいろ試しながら描くようになる。

動きが描けるようになってきたら、人間に楽器や武器を持たせていく。

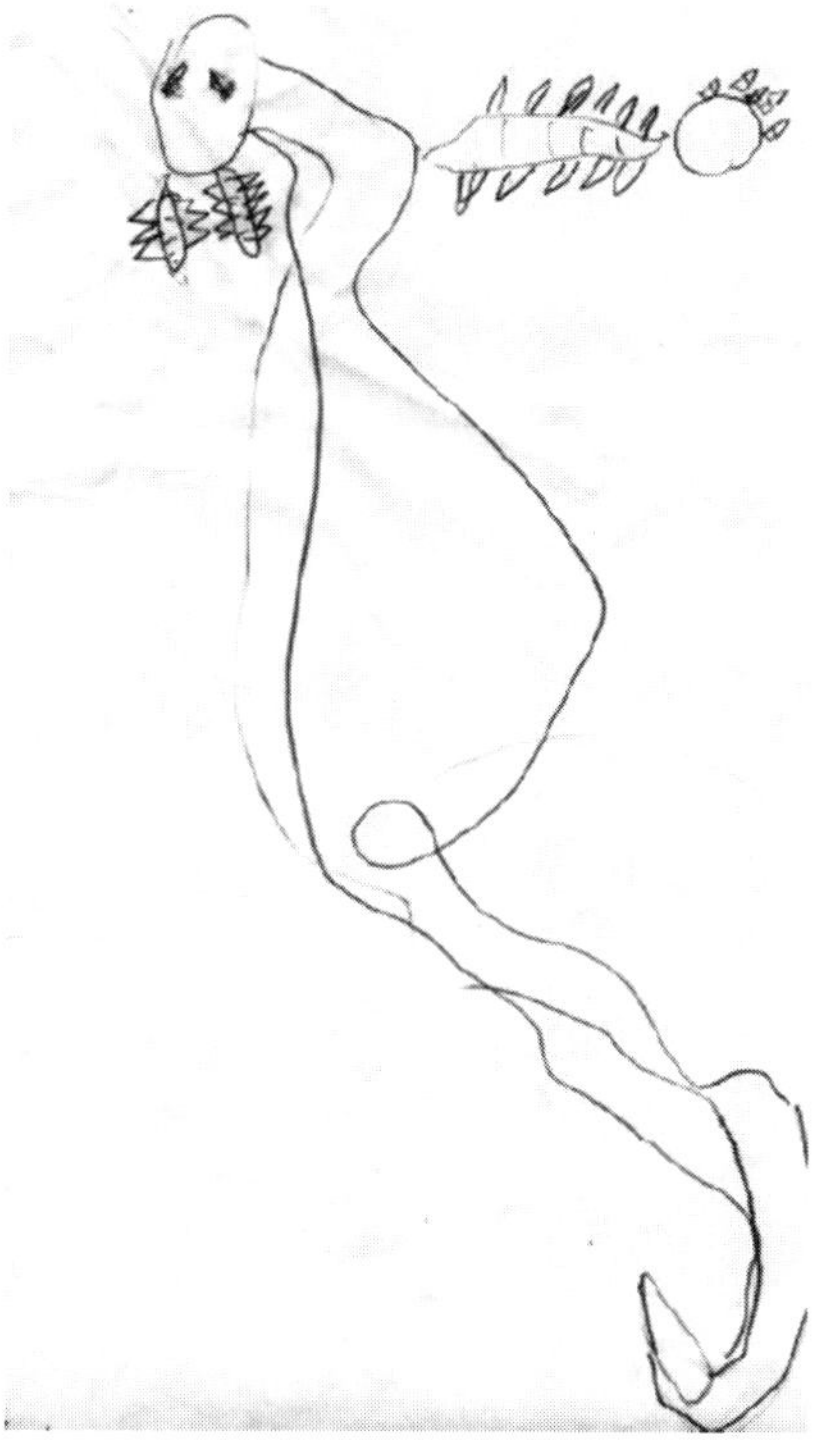

月を飲み込もうとするドラゴンに笛や太鼓を鳴らして一生懸命にじゃまをする人間を描くためのトレーニングだ。

もちろん私が描いて見せながら指導した。太鼓などの描き方も簡単に教えている。

多くの子が右の絵のように、動きのある人間を描くことができるようになっていった。

さて、A君である。次ページの上下に並んでいる下側の絵が、A君が描いた人間だ。人間といえば幼児の描く人間か棒人間ときまっていたA君が、ここまで描けるようになった。いきなり画用紙に本番では、決してA君は描くことができなかっただろう。スモールステップで、確実にできるようにさせていくことが大切だ。

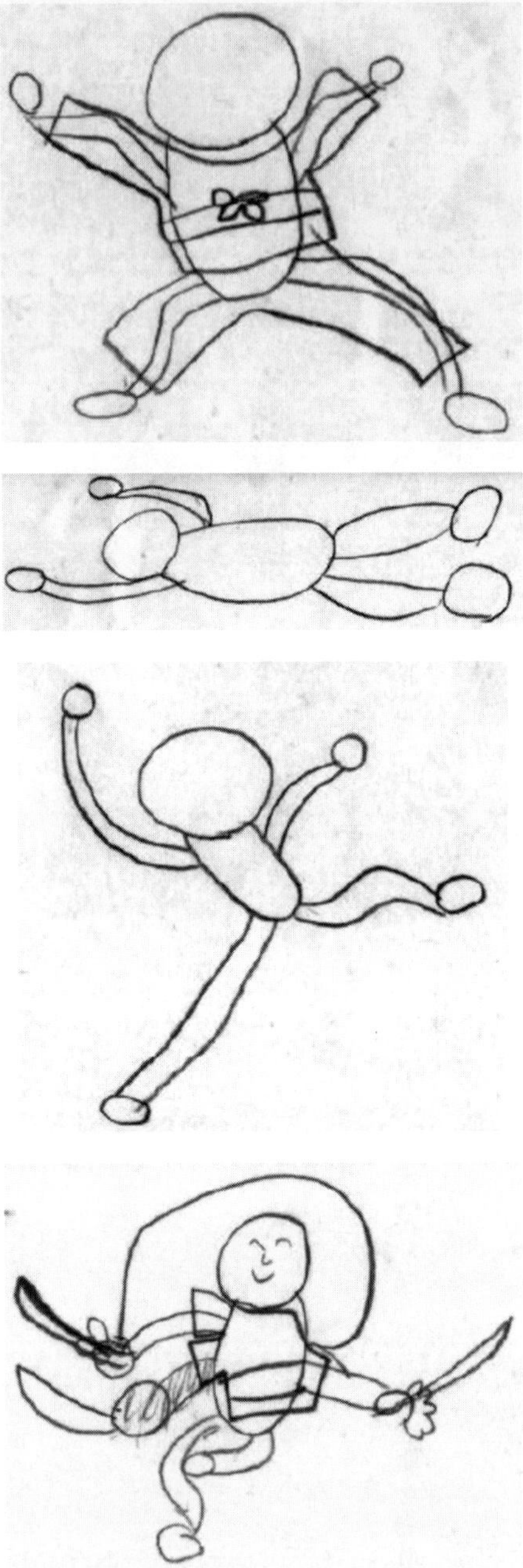

12　人物の描写を修正する

下の絵は一昨年の子どもの作品。人間（お月さまを飲み込もうとするドラゴンに笛を鳴らしてじゃましている姿）を直接描き込ませた。私自身、描いてみた時から気づいていたが、人間をあとから描き入れるというのはとても難しかった。

もちろん、濃い色で塗りつぶして描かせるので、わざわざ人間を描くスペースをあけておく必要はない。そうだとしても、配置を考えながら描くということは、見通しが持てない

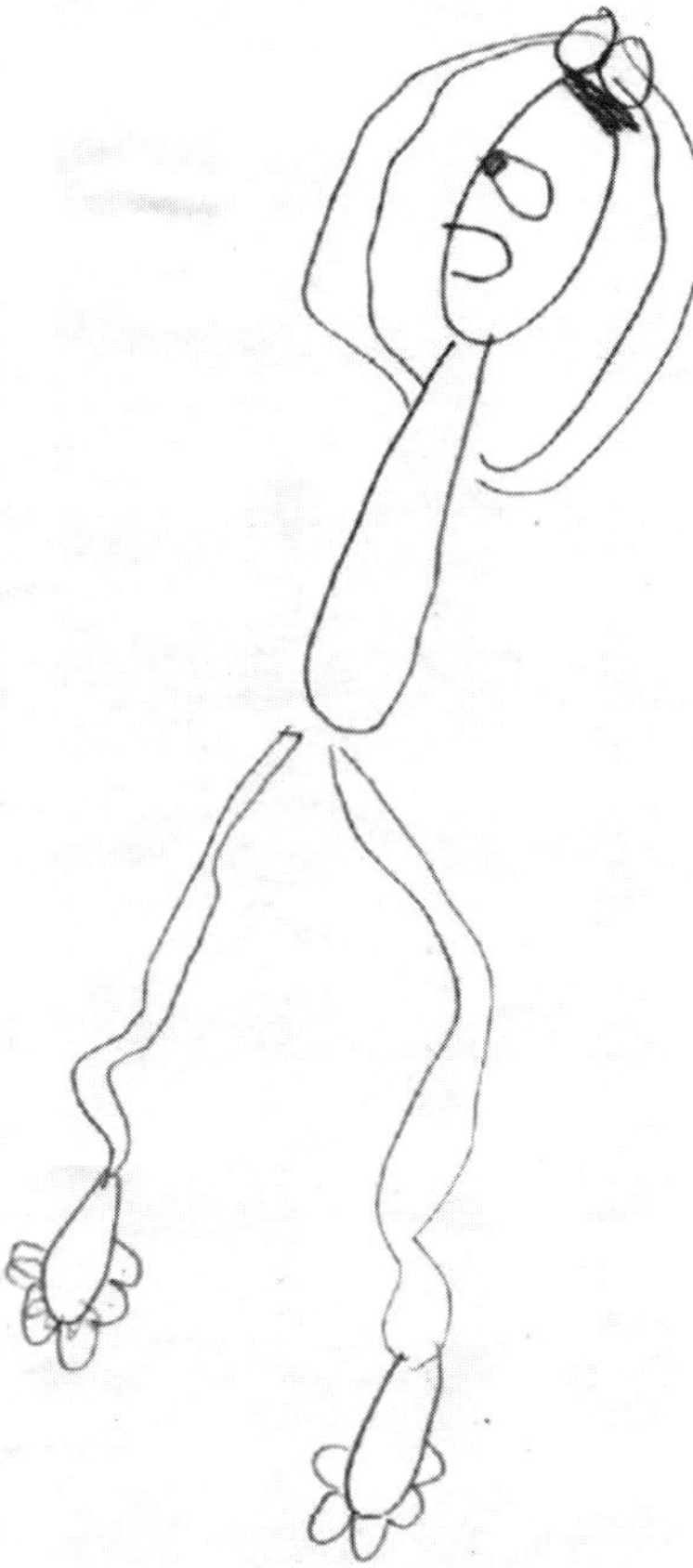

A君のような子どもたちにとっては、きわめて難しいと思われた。
やり方を、「人間を他の紙に描き、切り取って貼る」ように変えた。

①昨年は画用紙に直接描かせたが、今年は別の紙に描かせて切って貼らせた。
②今年は別の紙に何人も描かせ、塗らせ、気にいった人物を選んで、切り取らせた。
③今年は切り取った人物を画用紙の上に置かせ、構成を考えて貼らせた。
④切り取った人物の周りの余白は、あとから黒マジック（画用紙が赤系の子は赤マジック）で塗らせた。

何人も描いた中から選んで使うので、満足感が高まる。さらに人間を縦にしたり横にしたり斜めにしたりと、工夫の余地が大きい。すべての子どもが安心して取り組めるエラーレスの指導となった。

13 神田ドクターと酒井先生の思想は同じ

A君は、この作品作りに嫌がることなく取り組んだ。そして年度末には大切に持って帰った。自分の力で人間を描き、きれいに色を塗って完成した作品に満足できたのだと思う。神田ドクターとの学習会で、ドクターからアドバイスをいただいたことが大きい。

いいこと探しをする。褒めて褒めて褒めまくる覚悟を持つ。

ドクターのこの言葉は、酒井臣吾先生の酒井式四原則と通ずるところが多い。

①踏ん切る（見切り発車の原則）。
②集中する（かたつむりの原則）。
③よしとする（後悔禁止の原則）。
④それを活かす（プラス転換の原則）。

教師は、後悔させないための教材研究と指導の工夫を行い、子どもを褒めながら学習を進める。それに尽きる。

これまで書いてきた指導によって、T君はじめ全員の作品が完成し、教室の後ろや廊下に掲示をした。

ある日、高学年の教師が私のクラスを廊下からのぞき込んで「おーっ」と声をあげ、教室の中で遊んでいた子どもたちを褒めてくれた。階段近くの掲示板に貼ってあった絵を目にし、教室の絵も見たくなって、つい寄ってしまったのだという。別の日にも通りがかった二人の同僚が鑑賞し、褒めてくれた。

A君への支援が、クラス全員の子への支援となっていたからだろう。

A君の作品も個性に溢れ、一つも見劣りしなかった。

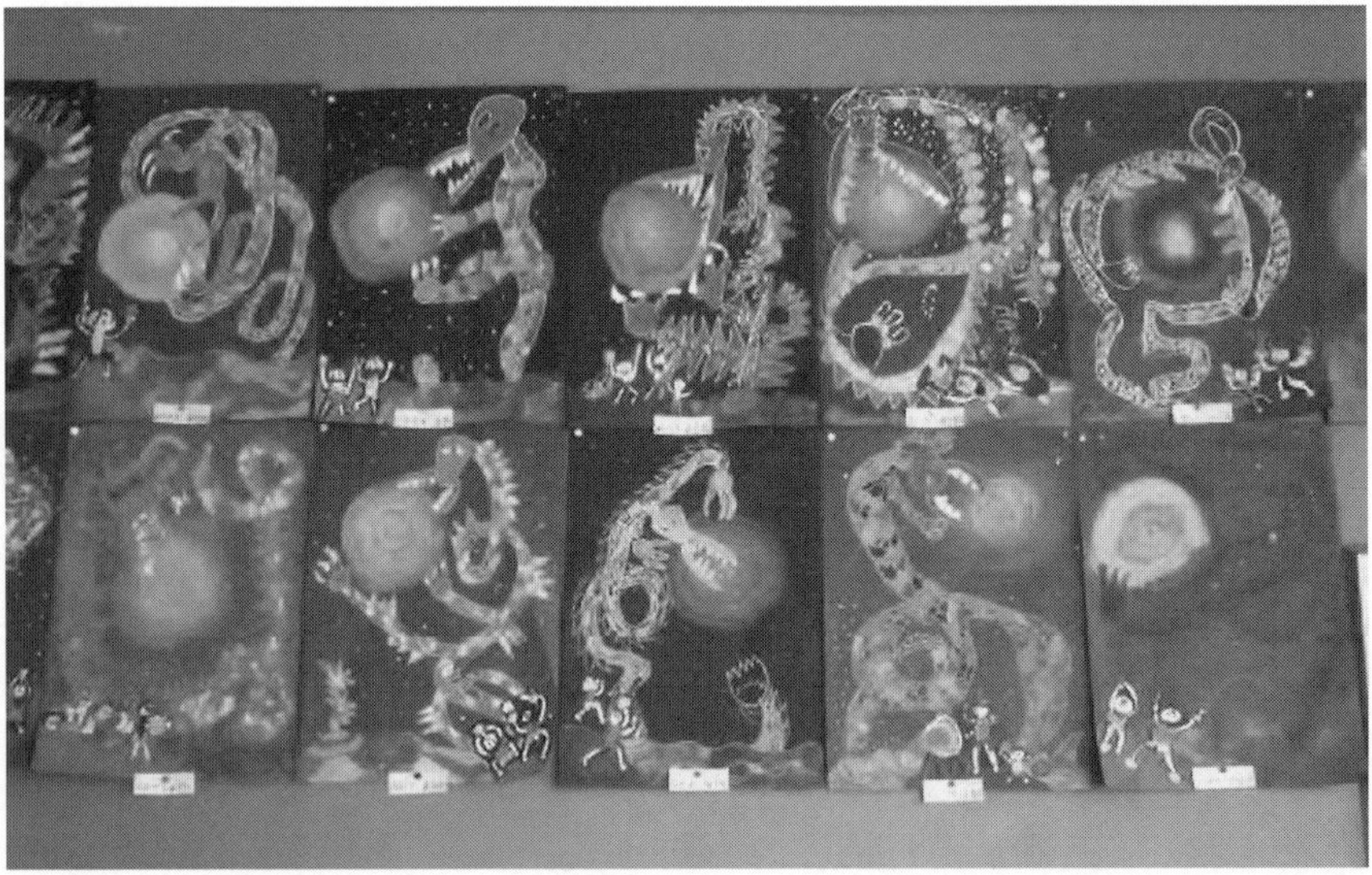

ドクター（神田貴行氏）のコメント

図画工作が大嫌いだったＡ君にシンプル、スモールステップで作品を作る指導を行い、自分の作品を完成させる過程を示した実践。とても素晴らしいやり方だと思いました。

今回、坂田先生が採用している酒井式描画指導法に関しては、肯定的な意見と否定的な意見があることは知っていました。否定的な意見をひと言で言えば「個性がなくなる」ということのようですが、自由に描いていいよと言われても描けない、支援が必要な子どもたちに対して、何の具体的な提案もせずに、結果的に放置しておくのはやはり問題があると思います。自由に描ける人は自由に描けばよいですが、そうでない子どもたちにもスモールステップで具体的な描き方を教えて、自分の作品を作りあげる達成感を経験させることで、より多くの子どもたちに満足感を与えることが重要だと思います。

小さな成功体験の積み重ねが大きな成功体験へとつながります。それは、支援が必要な子どもたちには、より重要なことです。

監修者のコメント

教育の現場では、作文を書くことも画を描くことも、自分の思ったように自由に描きなさいと言って、それを子どもの創造力に任せることと考えているようですが、言い方を換えれば、子どもに投げてしまうやり方だと思います。プロであっても基礎がきちんとできるようになってから、人よりすぐれた作品を作ることができます。モーツァルトは生まれた時からモーツァルトではありません。父によって作られたところももちろん、あります。スモールステップを踏んで、見本を示しながら進める。それで良いと思います。そこから創造性が花開いていきます。

書きの困難を抱えたB君が変わった

書きに大きな困難を伴っていた低学年男児B君。
文字の形が捉えられず、筆順もデタラメだった。

島根県海士町教育委員会指導主事　坂田幸義

1 字形が捉えられないB君

前年度は他の担任が彼を受け持っていた。進級して私が担任になって最初にしたことは、前学年の復習テストだった。

B君の漢字の結果は散々だった。書けた箇所よりも書けなかった箇所の方がはるかに多かった。また、書けたとしても普通の規準で採点すれば×になってしまう漢字ばかりだった。惜しいけれどすべて間違いだった。

彼の困難の一つ目がこれだった。

字形の認知の弱さ。

大まかに捉えることはできても細部には注意が向かなかった。

「これ、惜しいな」と教えても、「どこが違うの？」のポカンとしていた。

2　筆順がデタラメなB君

さらに駄目だったのが筆順だった。たとえば、木という漢字の三画目を右はらいから書いてしまっていた。漢字の筆順の基本である左から右へ、という原則がまったく身についていなかった。

間違いを指摘すると、今度は自分で適当な書き順で書いて、その場をとりつくろおうとした。「へん」と「つくり」のつくりの部分から書いてしまってもまるで平気だった。

彼の困難の二つ目がこれだった。

> **場当たり的な筆順の習得。**

3　学び方が身についていないB君

B君はとても不器用だった。手がとてもごつい。写真は、彼の鉛筆の握り方だ。正しい持ち方にはほど遠い持ち方だった。微細運動ができないので、指や手首の関節で調整しながら文字を書くことができない。書く苦労は大変なものだ。

四月に出会い、B君との学習を進めるにつれて、B君の気持ちが分かってきた。

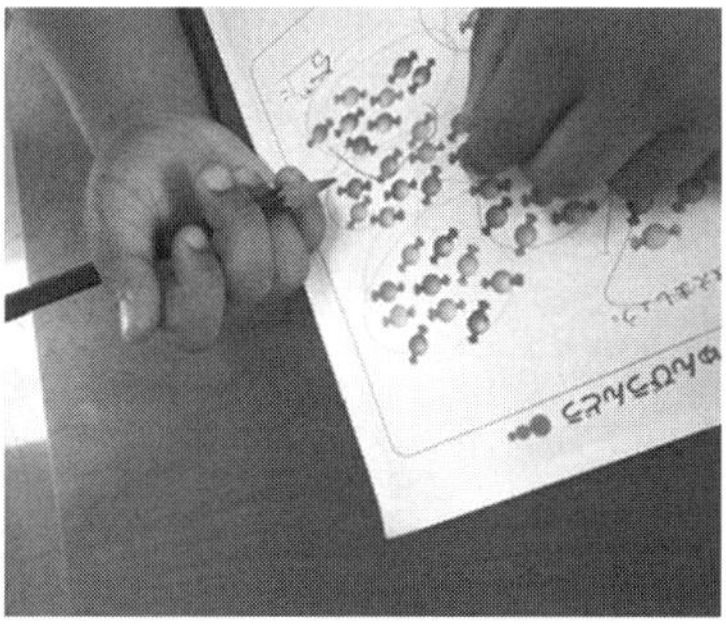

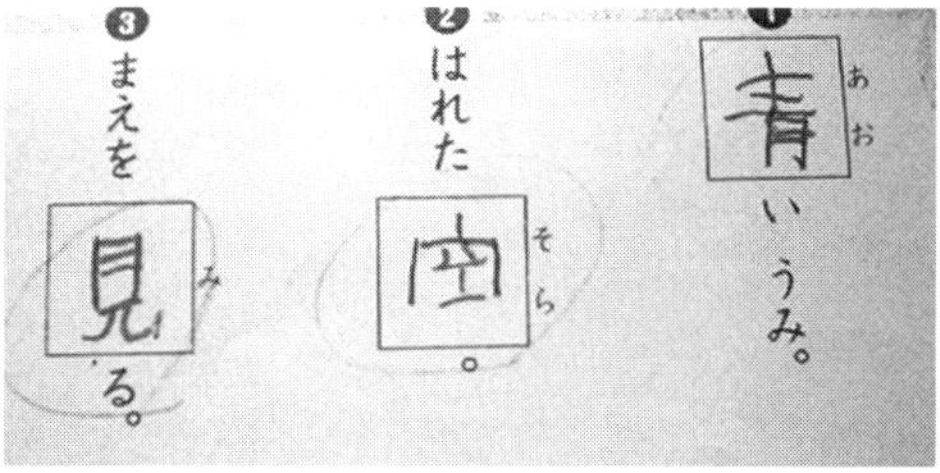

とにかく、お手本の漢字と似た漢字を書き上げてしまって、書きの苦労からおさらばしたい。

書き順などに気を配ってはいられないのだ。「場当たり的な筆順の習得」はB君の責任ではない。形が合っていればB君は○をもらえたはずだ。だから、大切な筆順が身につかなかった。つまり、B君は、結果が良ければ良いという誤学習を繰り返してきたのだ。結果を求めるという誤学習は、B君の漢字以外のあらゆる学習場面でも見られた。

困難の三つ目である。

正しい学び方が身についていない。

漢字以外の学習を含め、正しい学び方を身につけさせる必要があった。急がばまわれ！である。

4 B君の自尊感情の低さが一番の問題

B君は「自分はできない」と思いこみ、自信をなくしていた。実際、漢字は書けないし、国語の教科書もすらすら読むことができなかった。教室での一斉読みの時は口パクでごまかしていた。

自信のなさは他の教科でも見られた。B君は協応運動をともなう運動が特に苦手だった。跳び箱は、両足を閉じて同時に踏み切ることができず、跳び箱を走り抜けて跳んでいた。

長縄跳びには入ることができなかった。縄に入るタイミングが分からなかったし、入ったとしてもその場で止まってしまい、上に跳ぶことができなかった。

だから跳び箱や長縄跳びの時は、自分の順番が近づくとそっと列から出て後ろにまわり、自分の順番を勝手にとばしていた。

一方で、強みも持っていた。漢字は苦手だったが、筆順を覚える時は「あかねこ漢字スキル」の筆順を熱心に見ていた。継時処理の方を得意としていた。

また、書いて表現することは駄目だったが話し言葉は豊かだった。教科書は自分で読むことができなくても、友達の音読を聞いてかなりの部分を覚えてしまっていた（だからこそ口パクでごまかすことができたのだが……）。

気分がいいと鼻歌を歌ったり、自作のラップをラッパーのような身振り手振りで勝手に歌ったりしていた。

耳がいい。

この強みを活かさない手はない。

強みを大切にしながらB君をできるようにさせ、自尊感情を高めていくことが私の大きな仕事になった。

5　神田ドクターからもらった二つのキーワード

前章でも紹介したように、私が代表を務めるTOSS松江では、平成二四年二月から小児科医の神田貴行ドクター（社会福祉法人つわぶき　やましろクリニック院長、医学博士、日本小児科学会専門医）と出会い、連携して発達障害の学習を行ってきた。

平成二四年三月の例会で、神田ドクターは次のように話した。

スモールステップで低いハードルを越えることを積み重ね、達成感や自尊感情を高めていくことが大事です。


ドクターには「自尊感情を保つ・高める」診療という理念があり、ＴＯＳＳ指導法と思想が一致していた。

三月例会でドクターが示した二つのキーワードはそのまま、四月に出会ったＢ君への指導の方針にもなった。

①スモールステップ。
②達成感と自尊感情の育成と向上。

6　正しい鉛筆の持ち方を教える

写真の子が鉛筆に付けているのはせんたくばさみだ。せんたくばさみのとがった先を上に向けて開いて鉛筆にはさみ、それを包み込むように握ると、自然に正しい鉛筆の持ち方になる。

大切なことは、せんたくばさみをＢ君にだけ要求しないことだ。学級の子どもたちの鉛筆の持ち方を見ると、正しく持てていない子が何人もいた。そこで、せんたくばさみを子どもの人数分購入して全員で正しい持ち方を身につけることにした。

学級の子どもたち全員に趣旨説明をした。

「低学年の間に正しい鉛筆の持ち方を身につけましょうね。慣れないうちは少

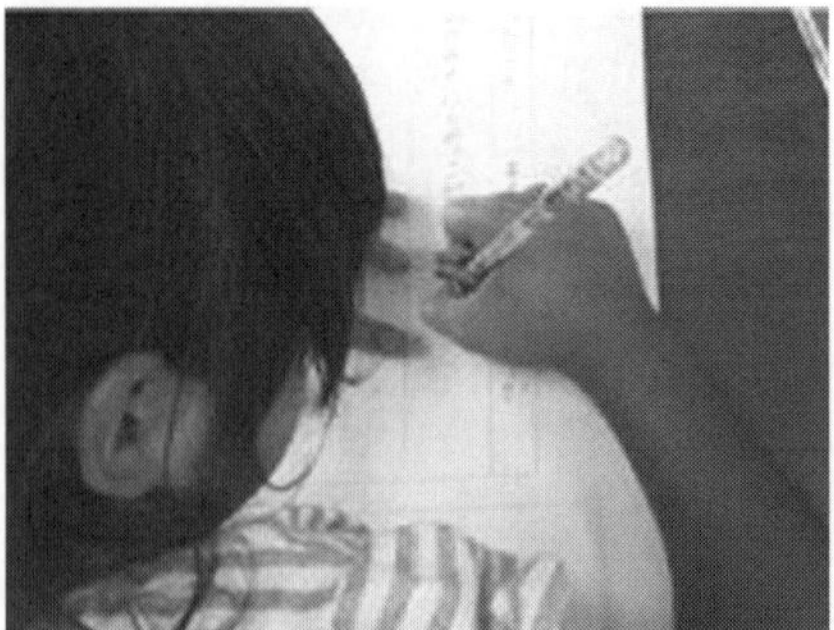

し大変だけどがんばりましょう。正しく持てている人はもっと上手になりますから、一緒に挑戦してね」

全員への支援にB君への支援を紛れ込ませる。

一人の子への支援が学級全員への支援となっていることが大切なのである。

もう一つ配慮したことがある。

せんたくばさみを使った持ち方指導は、週に一回のみ。

週に一時間の書写の時間だけ、せんたくばさみを使った。毎時間せんたくばさみを使った正しい持ち方を求められたのでは、B君は本当に書くことが嫌いになってしまうだろう。大切なのは、正しい持ち方を教え、そのイメージを持たせることなのだ。持ち方を強要することではない。

7 毎日、前学年の漢字を三つずつ空書きする

帰りの会を短く終えたあと、B君と毎日、前学年で習った漢字を三字ずつ、空書きで復習をした。

①私が黒板に書く。

②その筆順をB君が見る。

③一緒に空書きをする。

④B君一人で空書きをする。

神田ドクターに教わった通りスモールステップで、さらにはB君の継時処理の強みを活かして復習をした。一

日に三字ならばB君には可能だった。しかも帰り間際だから、がんばればすぐにさようならだ。
休み時間にB君だけにやらせたのでは、彼の自尊感情はズタズタだろう。
この復習を通して、筆順の基本（左から右へ、等）を押さえ直した。

8　漢字の宿題は赤鉛筆指導とセットで

学級の子全員に漢字練習を宿題に出すことがあった。B君へは、まずは私がノートに赤鉛筆で三回、薄く書いてあげた。B君は家でそれをなぞり、あと二回は自分で書いた。

B君は自分だけで五回書くことはできない。しかし、三回なぞることで自分でもできるという気持ちになれたのだろう。前学年では漢字の宿題をほとんどやってこないB君だったが、漢字の宿題を提出できるようになった。

9　瀬島斉ドクターの診断

平成二四年六月に第二回島根連携セミナーが開催された。瀬島斉ドクター（松江赤十字病院小児科部部長）がメイン講師。

その席で、私はB君への支援について実践発表をさせていただいた。セミナーの中で、実践を瀬島ドクターに評価していただけたことは幸いだった。

しかし、最も収穫があったのは、セミナーの休憩時間に瀬島ドクターと交わした会話だった。

私の発表を聞いた瀬島ドクターはこう言われた。

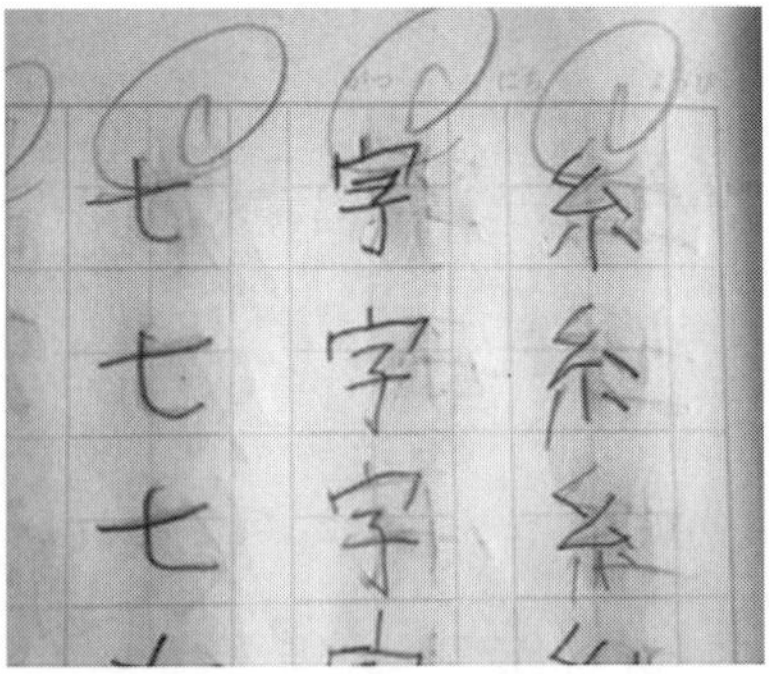

先生、あの子はＬＤ（学習障害）ですね。

もちろん、正式な判定ではないことはドクターも前置きされた。しかし、「ＬＤの疑い」という判断を得たことは大きかった。

それまでの私は、その部分に自信が持てなかった。勝手にラップを歌うなど落ち着かない動作も目についたので、彼の示す様々な特性の中で、どの支援を中心に据えればよいかの迷いが日々あったのだ。

しかし、ドクターに「ＬＤの疑い」と言ってもらったおかげで、以後の方針をはっきりさせることができた。

10　ＬＤ支援を中心に動き出す（タブレットＰＣ）

神田ドクター、瀬島ドクター両氏からの示唆で、方針が定まった。

①スモールステップ。
②達成感と自尊感情の育成と向上。
③ＬＤ支援を中心に据える。

以後、Ｂ君の漢字指導を改善した。

タブレットＰＣの導入。

私個人のタブレットだが、漢字の筆順アプリを入れてB君にやらせてみた。画面に指で漢字を書く。書き順が違うと文字の色が変わり間違いを教えてくれる。分からなければ画面上で正しい筆順を確認することができる。微細運動が苦手で、継時処理に強みがあるB君にはとても良い方法だった。鉛筆を持たなくてよいし、自分の筆順の間違いに視覚を通して気づくことができた。

放課後の三つずつの空書きをタブレット学習に変え、これも前学年の漢字から、毎日三つずつ、ほぼ毎日繰り返した。前学年の漢字を二巡するまで行い、当学年の漢字の復習までカバーすることができた。

11 LD支援を中心に動き出す（宿題）

宿題の出し方も変えた。

それまでは他の子と同じ内容、同じ量の宿題を出していた。当然、宿題を忘れたり、ほんの少ししかやっていないことが多かった。

不十分なところは休み時間にやらせたり、私が赤鉛筆で書いてなぞらせたりすることで合格としていた。あとから考えれば、B君にとって「苦痛」だったと心から申し訳なく思う。しかし、心のどこかでは「B君の怠け癖」のせいではないかという考えも捨てきれなかったのだ。

そのような迷いが、瀬島ドクターの「LDの疑い」という一言で消えていった。方針を決めた。

①B君には量を減らす。
②どの部分をやるのかを自己決定させる。

B君にだけ別の宿題を出すことはしなかった。B君の自尊感情を下げてしまうからだ。そのかわり、みんなと同じ宿題のプリントを広げて、Ｂ君と相談してどの部分をやるのかを決めさせた。

漢字ならば画数が少なく、書けそうな字を選ばせた。音読ならばお話全部を読むことは求めず、何ページを読むかを決めさせた。Ｂ君に、この方法は有効だった。自分が決めたことだからか、宿題の提出が続くようになった。

12　褒めて、褒めて、褒めまくる

学年の終わりが近づくにつれ、Ｂ君の姿が良い方向に変わっていくのが分かった。

神田ドクターとの学習会で、ドクターからアドバイスをいただいたことが大きい。

いいこと探しをする。褒めて褒めて褒めまくる覚悟を持つ。

このころの私は、「Ｂ君の怠け癖」などという考えはすっかりなくなっていた。

授業中、たまたまだがＴ君の鉛筆の持ち方が良かった時はこう言った。

「鉛筆の持ち方がいいなあ。Ｂ君」

本当に、たまたま良かっただけである。

以前の私なら、できていないことを伝えるために「Ｂ君！」と声を掛けてしまっていただろう。褒める大切さは分かっていたが、「覚悟」が足りなかったのだ。

13　漢字まとめテストで七六点！

学年の終わり、Ｂ君は宿題が提出できるようになった。また漢字も基本的な筆順の原則を踏まえて書くことができるようになりつつあった（まだまだ十分とは言えなかったが……）。

それでもB君は、漢字のまとめテストで、なんと七六点をとった。快挙であった！

写真はその一部である。まだまだぎこちなさは残るが、画数が多くて難しい字をB君なりに正しく書いていることが分かる。

うれしいことがあった。

B君の母親より手紙をいただいたのだ。紹介する。

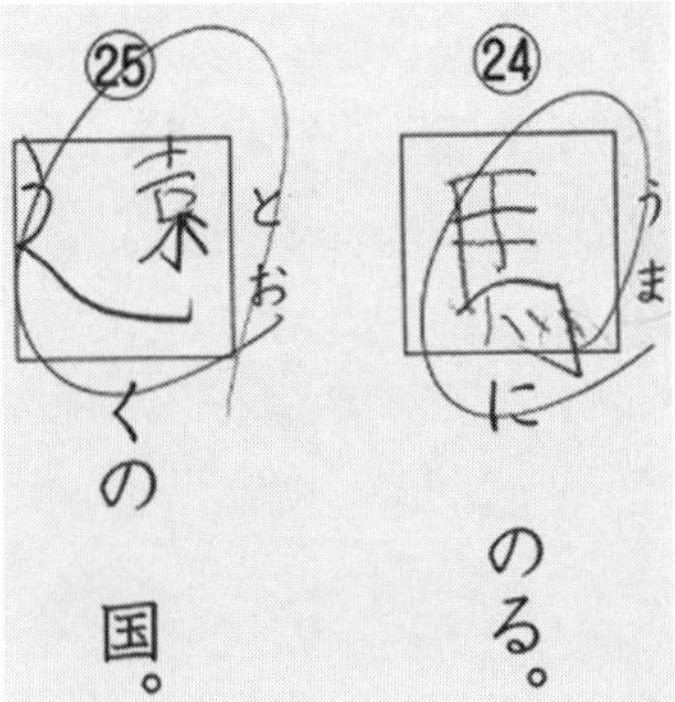

> Bが学校でTなりにがんばっていることが分かります。帰ってきてからなかなか宿題をする様子がなかったのに、自分からやり始めることができるようになりました。いつごろからか、途中で声を掛けず見守ることにしました。漢字でも算数でもいつも「分からない」から始めるのに、このごろ出る言葉は「終わったよ」です。
>
> 「本当に終わったの？」と聞くと「楽勝だった！」とうれしそうでした。Bのためにいろいろと考え、時間を作ってくださり指導してもらっているので、Bの中で何かが変わってきているのではないかと思います。本当にありがたく、感謝しております。

B君への支援の節目節目に、ドクターからの適切なアドバイスをいただけたおかげである。

ドクター（神田貴行氏）のコメント

字形が捉えられない子どもたちに具体的にはどのように対応していくか、その一例として本報告は参考になると思います。

まず本人の強みと弱みを把握し、次に強みを活かし、弱みを補って、シンプル、スモールステップで共感的理解のもとで自己決定を促し、その過程や結果を褒めて自尊心を高めるという方法は、この一例にかぎらず、多くの場面で役立つでしょう。

今回のようにB君のみ宿題を減らしたりするのは不公平だ、と考える方もおられるかと思います。しかしLDなど病気で困っている子どもに健常児と同じ条件で同じことをさせることこそ不平等です。近視の子どもが眼鏡をかけて、近視ではない子どもと同じテストを受けるのは不平等だ、と言う人はおそらくいないでしょう。

教師の方々には、ハンディキャップのある人が堂々と支援を受け入れ、健常児と助け合いながら共に成長する社会を作ることの重要性を、将来の日本を支える子どもたちに教えてあげてほしいと思います。

監修者のコメント

漢字が書けない子どもの大部分は継時的な記憶が苦手です。だから書き順を覚えられないのです。大きい字で空に書く「空書」と、漢字を部分に分けて意味のある部品を組み合わせる学習をする。こうすると無意味な継時的な記憶ができない子も、意味のあるものとして漢字を覚えられるようになります。こういう子どもたちは薬物治療やワーキングメモリー・トレーニングを行うと、素晴らしく変わる可能性があります。

ＴＯＳＳ実践と医学的支援による「逆エース」Ａさんの変化

ドクターに医学的なアドバイスをもらいながら教室でＴＯＳＳの実践を積み上げる落ち着きがなかったＡさんが素直に学習に取り組むような変化が生まれた

島根県公立小学校　川畑　裕（仮名）

1　「逆エース」と呼ばれるＡさんとの出会い

Ａさんは、落ち着きのない子どもだった。朝、登校してくると、まず廊下を走り回る。そして他の教室に入り、大声で挨拶をして回る。他のクラスの子たちが怪訝な顔をしてもおかまいなしだった。じっとしていることができない上に、目立ちたがりだった。たとえ全校朝礼でも、騒いだり金切り声で校歌を歌ったりして、みんなが振り向くとにやにやとうれしそうに笑っていた。

当然、授業中もＡさんは落ち着きがなかった。

①机は常に一番前だった。
②すぐにきょろきょろと顔を動かし、隣の子に話しかけたりちょっかいを出したりしていた。
③音読をしたり歌ったりする時は、わざと大声で他の子とずらした。
④授業中に席を立ち、そのまま他の教室にも入って、大声を出しながら走り回った。

以上の実態は、前担任や前年度の学年部の先生方から聞いたことである。

担任は、Aさんの問題行動に対して指導を繰り返した。しかし、注意をするとAさんの行動はますますエスカレートした。反抗的に、というよりは、何を言っても耳に入らない様子で、楽しげにふざけていたそうだ。他の子が怪訝な顔をしたり、担任が注意したりすることも、Aさんにとっては「他の人に注目される」といううれしいことだったに違いない。

Aさんは、悪い活躍が目立つ、という意味で「逆エース」と言われていた。進級にともなってクラス替えをする際には、学年の「逆エース」と言われる子たちが一人ずつ各学級に振り分けられた。そして、Aさんが振り分けられた学級を、私が担任することになった。

始業式の体育館で、初めてAさんを見た。整列して立っている子どもたちの中で、一人だけゆらゆらと体を揺らしていた。声を出したり、他の子にちょっかいを出したりはしていなかった。Aさんは大騒ぎはしていなかったが、だるそうに顔をしかめて、うつむいたり横を向いたりしていた。校長先生の話はまったく聞いていない様子だった。校歌は歌っていなかった。

担任発表があり、私の名前が呼ばれると、学級の子どもたちは一斉にこちらを見た。全体を見渡しながら、Aさんを見た。Aさんは、先ほどまでと変わらず、だるそうに顔をしかめるだけで、私の方を見てはいなかった。

2 ドクターの助言「怒らず、褒めること」〜最初の会話で褒める〜

TOSS松江では、小児科医の神田貴行ドクターと連携して発達障害を持つ子たちへの支援のあり方を学習している。

神田ドクターが繰り返し話されることがある。

先生方には、子どもの良さを見つけて褒めてほしい。

発達障害を持つ子どもたち、グレーゾーンの子どもたちは、とかく叱責されることが多い。子どもたちは自尊心を傷つけられ、ひどい場合には二次障害まで引き起こしてしまう。

課題を指摘し、叱るだけなら誰にでもできる。Aさんの良さを見つけ、褒めることが教師としての仕事なのだ。

Aさんとの出会いの日。黄金の三日間（学級づくりに最適な期間と言われる、新年度開始の三日間）の一日目は、始業式と四〇分の学級活動のみだった。

学級活動では、担任が簡単に自己紹介をし、学級全員の呼名をすることにした。呼名された子には、手を挙げて、「はい。川畑先生」と返事をさせる。ここで、絶対にAさんを褒めようと思っていた。

そしてAさんの順番が来た。Aさんは教室中に響く声で、「はい！　元気です！」と叫んだ。他の子たちが「違うよ〜」と言って、Aさんの方を見た。Aさんは、「間違えた〜！」と大きな声で言って、体をくねらせていた。

うれしそうにそう言うAさんの姿から、意図的に間違えたのだと分かった。しかし、わざと間違えたにしても、Aさんの声はよく通る大きな声だった。私はすぐに、「Aさん！　とっても元気のいい声ですね！」と言った。

Aさんが私の方を見た。

そして私が、満面の笑顔で再度、「とっても元気のいい声です。Aさん。『はい。川畑先生』と答えてください」と言うと、Aさんはもう一度手を挙げて、「はい。川畑先生！」と元気良く答えた。かわいらしい笑顔だった。

3 ドクターの助言「CCQ」「CCS」「ブロークンレコードテクニック」

黄金の三日間は、学級のシステムを作ることと、音読指導・ノート指導に力を入れた。

Aさんは、毎日音読で元気の良い声を出していた。読み方も上手で、初見の文章でもすらすらと読んでいた。しかし、やはりAさんの音読は、元気が良すぎて声が大きすぎる時もあった。Aさんの声に周りの子が振り向くこともあったし、私の顔をうかがうようなそぶりを見せる子もいたが、私がにこにこしてAさんや学級全体を見ているので、子どもたちもAさんの読み方については何も言わなくなった。

そして私は毎回、音読中に子どもたちの姿勢と声を褒め続けた。音読の邪魔にならないように、声を出さずに褒める方法を考えた。


「姿勢がいい子」は背中をなでる。「声がいい子」は頭をなでる。


当然、Aさんの頭は毎日何回もなでることになった。Aさんがわざと音読を他の子とずらすことは一度もなかった。

TOSSの学習会で、神田ドクターに音読の授業ビデオを見ていただいた。元気良く音読をしているAさんだが、実際の授業では、指示が通りにくかったり、不要な物を机の上に出したりすることも多い。ドクターからは次のようにコメントをいただいた。

先生が、支援が必要な子への働きかけを絶やしていないのがいい。
頭をなでる支援もいい。
先生がずっと目を離していないので、子どもたちの集中力が持続している。

そして、子どもたちへの支援・対応のあり方について、「ＣＣＱ」「ＣＣＳ」と呼ばれるポイントを教えてくださった。「ＣＣＱ」とは、子どもに注意をする時や、良くない行動に対応する時のポイントである。

【CCQ】
Calm　穏やかに。
Close　近づいて。
Quiet　静かに。

これは、社会福祉法人・臨床スキル研究所長の平山諭先生が提唱されている授業スキル「セロトニン５」と通じる部分がある。

【セロトニン5】……心を落ち着かせる脳内物質（セロトニン）を分泌させる授業スキル
①見つめる　②ほほえむ　③話しかける　④触れる　⑤褒める

つまり、子どもに必要以上の刺激を与えず、安心感を与えながら支援を行うことが必要だということだ。「ＣＣＳ」とは、普段子どもたちに指示を与える時や、子どもに話をする時のポイントである。

【CCS】
Clear　明瞭に。
Concrete　具体的に。
Short　短く。

これは、ＴＯＳＳ代表・向山洋一氏が提唱している「授業の原則十箇条」に通じる。

【授業の原則十箇条】（抜粋）
第二条　一時に一事の原則（一時に一事を指示せよ）。
第三条　簡明の原則（指示・発問は短く限定して述べよ）。
第六条　細分化の原則（指導内容を細分化せよ）。

長い話や抽象的な話は子どもに伝わりにくい。特に、発達障害のある子どもたちに長いお説教は論外である。
ドクターも、発達障害のある子たちへの医療的なサポートについて、
「ＴＯＳＳの先生方とほとんど同じです。医学的な方法も、ＴＯＳＳが積み上げてきた方法も同じです」
「ＴＯＳＳと医療的なアプローチは、似ています」
とおっしゃった。そしてドクターは、子どもに指示が通らない、子どもが指示に従えない場合の対応についても

教えてくださった。

【ブロークンレコードテクニック】
壊れたレコードのように、同じことを、同じ言葉で繰り返し伝える。

一度言って終わりではなく、指示に従うまで、穏やかに繰り返し伝えるということだ。

これはその通りだと感じはしたものの、本当に「同じ言葉」を「繰り返し」使えばいいものかどうか、私の中に迷いが残った。まったく同じ言葉で繰り返すと、Aさんは、バカにされた気分になるのではないか、あるいは、しつこいと捉えられはしないだろうか、と思ったのだ。加えて、いろいろな言い方を試しながら、Aさんが従いやすい言葉を探した方が良いのではないかという思いもよぎった。

そこで、まずはドクターの言う通り同じ言葉で繰り返し伝え、Aさんがいやがった場合は言葉を変えることにしようと考えた。

4　ブロークンレコードテクニックで、Aさんが教師の言葉を復唱するようになった

Aさんはカードゲームが大好きで、休憩時間は自分でカードを作っている。時間が来れば授業に向かうが、机の上にカードを残したままのことがよくある。それを触ったり、隣の子と遊び始めたりすることも多い。

私はAさんに穏やかに近づいて、静かに言う。

「自分でしまいますか。それとも先生が預かりましょうか。」

ＴＯＳＳの特別支援教育セミナーで、岡山の小野隆行氏の実践にあった言葉である。Ａさんには、これが効果的だった。すぐにカードをしまう。私も、「ちゃんと自分でしまえたね！　えらい！」と褒めることができる。

しかし、次の時間にはまたカードが机の上に出ている。ここで「またか」と思うとそれが言葉や態度に出てしまう。

「一度でできなくて当たり前」と思いながら、穏やかに同じ言葉をかけ続けた。時には、Ａさんがカードをしまうことをしぶることもあった。「え〜、だって……」と言いながら、カードを持ってもじもじする。私は再度、「自分でしまいますか。それとも先生が預かりましょうか」と言うだけだ。それでＡさんはあきらめてカードをしまう。それを褒める。繰り返しているうちに、私と目が合っただけで、「自分でしまいます」とカードをしまうようになった。

また、Ａさんを含む男子の何人かは、給食の準備中に大騒ぎをすることがある。給食当番でない時に特に多く、私が給食当番の子たちと一緒に給食室に行っている間に、教室を走り回ったりプロレスごっこをしたりして、手を洗うことも忘れている。

ここでも、私は穏やかにその子たちに近づいて言う。


「今は休憩時間ではありません。手を洗って席に着きなさい。」


一度できかなければ二度言う。二度言えばたいていの子は席に着く。これも、ほぼ毎日の繰り返しだった。

ある日、またＡさんたちが給食の準備中に走り回っていた。私が近づき、「今は休憩時間では……」と言いかけると、子どもたちが、「ありません！」と言って、散っていった。Ａさんも同じだった。

同じ言葉で繰り返し指導すると、言葉が子どもの中にインプットされる。

それ以後、私の指導言は「今は？」だけになった。子どもたちは、「休憩時間ではありません！」と言って手を洗いに行く。

同じ言葉を繰り返し使うと、何を指示されているのかが子どもに伝わりやすい。しかも、その言葉は子どもの中に残り、やがて自分でその言葉を復唱するようになり、自分で考えて行動できるようになる。これは、毎回同じ言葉でなければ起こりえないことだ。ドクターの教え通り、同じ言葉を使い続けて良かったと感じた。

5　Aさんの変化と保護者からのお礼

Aさんは、前年度までは「通常学級に在籍しながら、特別な支援を必要とする子」として名前と顔写真、実態を全教職員に周知されていた。

しかし、次の年にはその資料からAさんの名前は外れた。

Aさんは、授業中によく手を挙げて発表し、ノートに丁寧な字を書いた。音読テストにも毎回はりきって挑戦し、合格すると跳び上がって喜んだ。時々やんちゃをすることもあったけれど、指導は素直に聞き入れ、毎日友達とよく遊んでいた。

以下は、Aさんの保護者からの言葉である。

先生からAの良いところばかりお聞きし、信じられません。親子ともども、もっと至らないところを先生からご指摘されるのだと思っていました。ありがとうございました。
Aは、毎日学校が楽しいと言っています。今後ともどうぞよろしくお願いします。

ドクター（神田貴行氏）のコメント

川畑先生が実践しておられるCCQ・CCSやブロークンレコードテクニックは、すべての子どもたちに有用ですが、支援が必要な子どもたちには特に有用なテクニックです。

支援が必要な子どもたちに多いと考えられる発達障害児は、比喩表現などの曖昧な言い回しの理解が困難です。またワーキングメモリーの障害もあり、長い文章による指示は達成困難です。そのため言葉を削り、必要な情報のみを、近づいて、穏やかに伝えることが重要です。また指示が一回で理解できなかった場合も、繰り返し同様のことを伝え、成功したらしっかり褒めることで、その指示が理解しやすくなり、次回以降につながります。

このような対応をし続けるにはかなりの自制心や経験、訓練が必要でしょう。しかし少しずつでも繰り返していけば、だんだん習慣化するはずです。この繰り返しが、今回の報告で示されたように本人の自主的な行動を導き、結果的に指導者が次に別の対応をすることができる時間のゆとりを作ります。

監修者のコメント

ワーキングメモリーが不足している子どもの場合、子どもの直したいという気持ちを確認しましょう。その上で同じことを繰り返していくと、考えなくても反射的にできるようになります。ワーキングメモリーを無駄遣いしないために、頭の中に余計なことを入れておかないことも大切です。

家庭・医療との連携が支援の必要な子を安定させる

アスペルガー症候群と診断されたAさんが安定した学級生活を送るため
ドクターのアドバイスをもとに「授業の原則十カ条」を意識して指導する

島根県公立小学校　池田愛子

1　アスペルガー症候群と診断されていたAさんとの出会い

小学校に入学して来た時、Aさんにはすでにアスペルガー症候群の診断が出ていた。Aさんを医療につなげたのは幼稚園の先生であった。そのころからAさんには先生の指示が通りにくく、友達とのトラブルが多発し、集団から外れやすい子だったらしい。

「私たちの指導が行き届かない面が多分にあると思います。ですが、一度専門機関に行ってみられては……」と、苦渋の思いで保護者に働きかけたことを、幼稚園の先生から聞いた。Aさんのご両親は、Aさんが幼いころから妹と少し違う面があることに気づかれていたらしい。園の先生の言葉を受け入れ、医療機関を受診されたそうだ。

Aさんが入学した年、私はまだ担任ではなかったが、Aさんの印象は「集団から外れやすい子」だった。

校庭での低学年の体育の授業に窓からふと目をやると、Aさんは一年生の集団から離れて、一人で遊具で遊んでいた。そんな光景がたびたびだった。

また、体育館での全校縦割り班遊びの時、他の班だったAさんが、いきなり体育館を飛び出して行った。その後を班の先生が追って行かれた。このままAさんの行動がエスカレートすれば、Aさんに支援員をつけた方がいいのではないかという話が出ていた。

2 Aさんの担任となる～向山氏の「授業の原則」が守り神

翌年、そのAさんを担任することになった。正直言って新学期が来るのが不安だった。何とかAさんが教室で落着いて学習できるようにしたいと思い、『教室の障害児』誌（明治図書出版）を読み返した。

そして担任としてAさんと出会って感じたのは、「自分に自信がなく、常に不安そうである」ということだった。私の指示が分かりにくいと、「えっ、どこに名前を書くんですか?」とすぐに聞き返してきた。

「プリントの一番上の空いているところに書きます。（提示して）ここです」

「名前は『二年　○○○○』と書きます」

のように、次の原則を心がけた。

> **①言葉を短くして話す（授業の原則第三条　簡明の原則）。**
> **②一時に一事の指示を出す（授業の原則第二条　一時一事の原則）。**

もちろんAさんの席は年間を通して教師の近くに置いた。Aさんもそれで安心しているようであった。

次のことも心がけた。

先の見通しを持たせてから行動させる。

Ａさんは先の見通しが持てない時、パニックになることをお母さんから聞いていた。たとえば初めて病院で点滴を受けた時、大暴れをして、「何をどうするのかちゃんと説明してからにして！」と訴えたそうである。

そこで生活科で春の探検に出かける時、次のように説明してから出発した。

「今から春の探検に出かけます。はじめに校庭をぐるーっと回ります。それから『なかよしランド』に行きます。『なかよしランド』から帰ったら、最後は幼稚園の横の校庭に行きます」

これからの自分の行動が目に浮かぶように話し、大ざっぱにコースの把握をさせてから出発した。探検の間Ａさんは終始にこやかで、最後には柔らかいよもぎをみんなで袋いっぱいに摘んで教室に戻った。Ａさんは最後までみんなに合わせて行動し、集団から一人はみ出すことはなかった。

そして、摘んだよもぎで「よもぎ団子」を作ることになった。よもぎを茹でて冷凍にしておくために、昼休みに、Ａさんをはじめ数人が茹でる手伝いをしてくれることになった。その時に意識したのは、次の二つの原則である。

①指導内容を細分化せよ（授業の原則第六条　細分化の原則）。
②指導の途中で何度か達成率を確認せよ（授業の原則第八条　確認の原則）。

「よもぎを洗ってざるに入れてね」
「鍋のお湯がぶくぶく煮えたったら先生に教えてね」

「（鍋を持ってやりながら）箸でゆっくりかきまぜてね」

このように、作業を細分化して、一時に一事の指示を心がけた。そしてできたら、

「よもぎがとってもきれいに洗えたね」

「あっ、ホントだ。お湯がぶくぶくいってる。ありがとう！」

「Aちゃん、まぜるのがとっても上手！」

と、一つひとつの作業ができたことを確認しながら力強く褒めた。

一時に一事の指示を出し、できたら力強く褒める。

Aさんは先生の役に立てたことと、自分のしたことをしっかり褒めてもらったことで、とても満足そうだった。

そうやって、向山洋一氏の「授業の原則」を頼りに、小さな成功体験を積み重ねさせることで、Aさんは自分に自信を持ち、教師との信頼関係もできていくような気がした。

3　医療と連携をとる

Aさんには、次のような一面があり、そのためにしばしば友達とのトラブルが起こった。

①友達の気持ちがなかなか理解できない（自分が迷惑をかけていても分からない）。
②友達に注意されると、「みんなは私の敵」と言って逃げ出す。
③力の加減ができない（危ないことへの認識が弱い）。

Ａさんが友達とのトラブルからパニックになった時、どうすればいいかを教わったのは、Ａさんが通っている医療機関のドクターからであった。ドクターは次のように言われた。

クールダウンできる場所を作ることが必要だ。

Ａさんにとって、その場から少し離れて気持ちを落ち着けられる時間と空間が必要なのだと分かり、適切な場所を考えた。すると、パニックになった時も比較的冷静に対応することができた。私が教室を離れられない時は、職員室にいる先生に対応してもらうこともお願いし、校内での共通理解が図れた。

またドクターに、Ａさんのこの二週間の様子と、指導の上で心がけていることを話すと、肯定してくださった。そのことで自分のＡさんへの対応は間違っていないのだと安心できた。

その後も何度かお家の方と一緒に医療機関を受診し、Ａさんの様子を話して、ドクターからアドバイスをもらったことで、Ａさんの理解が深まった。

４　家庭と連携する

Ａさんは常に友達関係に不安を持っていた。自分が友達とうまくつきあえないことを漠然と感じていたのだろう。Ａさんは四月当初、二年生になってがんばりたいことをこう書いていた。

ともだちとなかよくすること（いろんな人と）。

Ａさんは友達の気持ちを推しはかることが苦手だった。気に入らないことがあると、平気で相手の弱点を口にした。また、Aさんに攻撃された友達を周りの友達がかばうと、「みんなは（自分の）敵だ！」とパニックになり、教室を飛び出した。そんな時、みんなはそんなつもりで言ったのではないと説明しても無駄だった。

そんなAさんが友達に穏やかに接することができるようになったのは、秋の体育会の一輪車競技（自由参加）に出場してからだった。Aさんは、友達と一緒に出たいと前から思っていた。でも九月初めには一輪車にやっと乗れる状態だったので、参加を迷っていた。

そこでAさんの気持ちをお家の方に伝え、迷っているAさんの背中をそっと押してもらうことにした。Aさんはさっそく一輪車を買ってもらってとてもうれしそうだった。競技に参加を申し込み、昼休みには一緒に練習をして、Aさんの乗れる距離が少しでものびるとひたすら褒めた。放課後は、毎日お母さんと一緒に校庭で練習している姿があった。

するとAさんの乗れる距離は徐々にのびて乗り方も安定し、一カ月後の秋の体育会では、友達と一緒に見事に集団演技をすることができたのである。

一輪車をとおして友達に努力を認められ、一緒に演技できた成功体験は、Aさんの大きな自信となった。それ以後、友達とのトラブルが少し減り、友達との距離が縮まったように思う。

5　学級を安定させる

四月当初、この学級には、ある種のとげとげしさがあった。それは、ともするとAさんと敵対関係に陥りやすいBさんに対してのものだった。

Bさんは数の認識が弱く、二年生になっても指を使わなければ一〇以上の計算ができなかった。それでも前担任からは指を使ってはいけないと言われていたらしい。結局、自分で計算しようとしないで、周りの子の答えを写す傾向があった。そのせいか友達は、Bさんに見られまいと算数の時間にはノートを隠すようにして書いた。

Bさんは時々、自分中心の行動をするために、友達に迷惑をかける面があった。そして、教師や友達が注意しても、「あっ、そう。分かりましたよー」と言うだけで、素直に謝れないのだ。そういうBさんだから、他の友達なら許されることでも、同じことをBさんがすると、友達から集中砲火のような注意がとんだ。

AさんとBさんはささいなことでぶつかり合い、どちらもなかなか譲らない。他にもやんちゃな男の子や気の強い女の子と、この二人とのトラブルで、ややもすると教室はとげとげしい雰囲気になりがちだった。

友達の良いところに目を向けさせる。

教室はAさんやBさんをはじめ、すべての子どもたちにとって居心地の良いところでなければならない。友達のマイナス面にばかり目をやり、不平や注意が先に立つ学級の雰囲気を変えるには、とにかく子どもたちの良いところを見つけて褒めることだった。

思いやりのある行動をした子や、努力している子をとにかく褒めた。

「Bちゃんは、いつもテラスのみんなの植木鉢（マリーゴールド）に水をやってくれるんだよ。えらいな」

「Aちゃんが昼休みに先生といたら、◯◯ちゃんがやって来て、Aちゃん一緒に遊ぼって誘ってくれたよ。Aちゃん、とーってもうれしそうだったなぁ」

「◯◯ちゃんはこの一週間、毎日日記を書いてきました。すごいね！　きのうの日記です」（日記を読む）

さりげなく、いろんな子のいいところを見つけて褒めるのである。もちろん、AさんやBさんのことも。そのためには教師が、子どもたちのいいところをいいと感じる気持ちの余裕を持つことである。

低学年の子は、みんなの前で褒められることを素直に喜ぶ。そして、みんなが先生に褒められたいと願っているのだ。

授業を安定させる。

学級を安定させるためには、何と言っても毎時間の授業を安定させることが必要だった。

算数の時間の始まりには百玉そろばんを使って数唱したり、音だけで数を数えたりと楽しい活動から入った。Bさんのように計算がやや苦手な子には、指を使うかわりに児童用百玉そろばんを持たせた。また授業の終わりには、どんな子にも取り組みやすいスキル教材を用い、書けない子にはそっと近づいて赤鉛筆で薄く書いてなぞらせた。

するとBさんはだんだん周りの友達の答えを見なくなった。分からないとカンニングではなく教師を頼るようになった。その場しのぎの態度ではなく、本気で算数に取り組もうとし始めたのである。

スキル教材で自分も百点をとれるということが、AさんやBさんの自信につながったようだ。「やった。百点だ！」休み時間になると、満足げに友達と遊びに飛び出していく二人だった。

一学期の終わり頃には、いつしかBさんへの集中砲火のような注意は消え、学級のとげとげしさもかなり和らいでいた。昨年の学級の様子を知っている先生たちは、一様にその雰囲気の変化を褒めてくださった。

日々、小さなトラブルはあったが、Aさんはこの学級で比較的明るく一年を過ごすことができた。「五色百人一首」にも、いつも一生懸命取り組み、負けても投げ出すことはなかった。集団を離れることも、教室を飛び出すことも、一年の時と比べると随分減った。

学年末にAさんのお母さんが連絡帳に、「一年中、楽しそうにしていたことが一番うれしかったです」とお礼の言葉を書いてくださった。うれしい言葉だった。

6 Aさんの自作漫画冊子が届く

この学校を離れて数年後、Aさんが小学校を卒業する時に、Aさんの自作漫画冊子「ひよコットン」が届いた。

その冊子を読んで驚いた。四コマ漫画が約二〇ページにわたって描かれていたのだが、四コマ漫画の一作ずつがちゃんと「起承転結」で完結していて、ストーリーもそれぞれがとても面白いのだ。絵はもちろん、漫画家のアシスタントができそうなほど上手だった。Aさんには漫画家の素質がある！と思った。

Aさんは二年生のころ、「ぴよちゃん」というひよこにこだわりを持っていた。大好きだった。そのこだわりがこのような形で漫画につながり、実を結んだのだ。

その陰にはきっとAさんを包み込み、指導し、励まし続けた教師、保護者、ドクターの連携があったに違いない。

7 ドクターとの再会

ドクターとの出会いから数年後、島根で初の「医・教連携セミナー」が開かれた。そこで講師として来ておられたドクターと再会した。ドクターから、私立高校に入ってがんばっているAさんの話を聞いた時、心の底からうれしかった。Aさんが中学校に入ってから偶然お母さんと再会した時、「なかなか学校に行けなくて……」と悩んでおられたからだ。

ドクターの話を聞いて、「Aさん、がんばれ！」と大声で言いたい気持ちだった。ドクターは教師よりずっと長い間その子の成長を見つめ、その子の家族共々つきあっていかれるのだと思った。

Aさんにとって、次の四つのことが良かったのだと思う。

①比較的早い時期（幼稚園の時）に医療との連携ができたこと。
②良い主治医に出会えたこと。
③ご両親が温和で温かい家庭であったこと。
④学校関係者の理解が得られたこと。

監修者のコメント

人の立場や気持ちが分からない場合、相手の立場に身を置いてみれば分かります。そしてこちらの気持ちや期待することを言葉で説明し、行動する理由を分かりやすく話す。こうすれば、いわゆる「心の理論」が通過できていなくても、相手のことが理解できるようになります。距離感は、親しければ前腕の距離、性が違えば腕を伸ばした距離が原則です。前腕・大腿の距離より近づくと不快感が出てきます。具体的に練習してみましょう。ただし、成人の異性相手の場合は、デリケートな問題を含みますから、十分な注意が必要です。

医教連携で子どもが変化する

アスペルガー症候群のS君の担任として、医療との連携がいかに重要かを痛感した二年間

島根県松江市立古志原小学校　團野晶夫

1　発達障がいの子どもとクラスの状態

（1）S君の特長

S君の特長は以下の通りである。

①大人の言うことが素直に聞けない。
②常にしゃべっている。
③面倒なことはしない。
④友達の言動をすぐバカにする。
⑤生活リズムが崩れているために、朝から眠そうにしている。
⑥服は毎日同じものを着ている。
⑦女性の先生に対して「うるせえ、クソババア」と悪態をつく。
⑧片付けができない。
⑨忘れ物が多い。
⑩食物アレルギーがあり、食べられるものが限られている。

①について……間違った行動に対して注意されても素直に聞くことがなかなかできない。毎回のように「ちぇっ、うるせえなあ」「そんなことは分かっている」といった言葉を連発するだけだった。そのような場合、大人（教員や親）は「なんだ、その言い方は」と言って口論になる。

②について……教員が説明や話をしている時、黙っていることができない。そのことを注意されると、やはりキレてトラブルとなることも多々あった。ただし、担任や次のような話をする教員の時には私語をしなかった。

- 短い話の時。
- 楽しい話の時。
- S君が得意なこと（パソコンやゲーム）。

③について……算数や国語などノートをとることをしなかった。教師が「大切なことだからノートに書きましょう」と言っても「俺は頭の中に書いている」「めんどくさいことなんかできない」と言ってノートをとろうとはしなかった。また、図工の絵や版画の下書きも描こうとはしなかった。

④について……友達が真剣に発言する時、「そんなの当たり前」「まじめに答えるな」といった言葉を発していた。また、きちんと整列している友達に「まじめぶるな」「かっこつけんなよ」と笑いながら言うこともあった。

⑤について……朝からとにかく不機嫌であった。髪はボサボサで、顔を洗った様子もない。母親に聞くと「夕方寝てしまうために、夜に寝られなくて、朝が起きられない」とのことだった。授業中、特に午後は机につっぷして寝てしまうことがあった。

⑥について……お風呂に入ることが嫌いだった。また、お風呂に入ったとしても、同じ服を着たがる傾向が

あった。そのため、ほぼ毎日同じ服で登校した。母親にそのことを伝えると「他の服を用意しても、着ようとしない」とのことであった。

⑦について……これは、特に音楽担当教師に対して見られる言動であった。音楽担当教師の特徴は次の通りである。

- 時間を守らない。
- すぐに説教をする。
- S君ばかりを注意する。
- 予定をどんどん変更する。

まるで、ダメな教師の典型である。このような教師は、S君でなくても拒否するし、第一、迷惑である。時間を守らないことは、教師にとって致命的である。向山洋一氏は、三〇年間の教師人生で、授業時間をオーバーしたことがほとんどないという。

また、説教は自分に自信がない教師によくある特徴である。若いころならまだしも、ベテランの説教はみっともない。S君ばかりを注意するのは、差別にも通じる気がする。予定を変更する教師も、子どもに嫌われる。特にS君にはしてはならない行為だ。この教師が近づくと、S君が避けて通っていた。

⑧について……S君の机やロッカーの中が異常に汚れていた。物が散乱し、自分でも何が入っているのか分からない状態であった。工作が好きであったが、使った物を元の場所に戻すことはできなかった。

⑨について……毎日忘れ物をする。片付けができないために、何がどこにあるのか見当もつかない様子だった。

家でも、自分の部屋は散らかり放題で、物が散乱しているとのことだった。母親が片付けようとすると「俺の物に触るな」と異常に興奮するとのことだった。忘れ物について教師が聞くと、決まって「今、探しています」「机の上にあります。明日、絶対に持ってきます」を連発するだけだった。

⑩について……野菜があまり食べられない。しかし、肉はとても好きだった。アレルギーがあるので仕方がない部分もあるが、とにかく偏食で、好きなものしか食べようとはしなかった。

(2) S君に対しての友達の様子

五年生の一学期は、弱い者に対しての意地悪や悪口はあったものの、二学期以降はそのような行動はほとんど見られなくなった。仲の良い友達が三人おり、その三人はS君の良い点について次のように言っていた。

①パソコンやゲームに詳しい。 ②友達にやさしくしてくれる。 ③分からない時に助けてくれる。 ④そろばんをがんばっている。 ⑤面白い話をしてくれる。 ⑥手先が器用。

①について……S君は、パソコンのことについて、他の同級生よりもよく知っていた。また、ゲームの攻略法や登場人物等については、誰よりも詳しかった。さらに、理科の実験セットなどは、説明書を読まなくても、あっという間に組み立てた。

②について……学校で遊ぶ時や、放課後等で、友達にやさしくしている様子がうかがわれた。

③について……学級の友達から「S君、教えて」「S君、私も助けて」という声が挙がることがあった。そんな時、S君は、気持ちよく助けていた。また、S君は「分かった」と笑顔で一緒に組み立てることがあった。

④について……習い事はなかなか続かなかったが、そろばんだけは二年間続いた。級が上がっていくのがやりがいのもととなっているようだった。

⑤について……S君は物事に詳しく、饒舌なので友達を笑わせることも多かった。

⑥について……④のそろばんとも関連するが、S君は手先が器用だった。

2　ドクターの具体的なアドバイス

ドクターに、実際にS君の様子を学級に見に来ていただく機会があった。せっかくの機会なので、母親と面談もしてもらった。母親は疲れた表情で面談に臨み、自分が困っていることを主治医に告げた。

①言うことをだんだんと聞かなくなってきた。
②生活のリズムがくずれ、いつも不機嫌だ。
③勉強もできなくなってきた。

ドクターは家庭でできることを次のように母親に伝えた。

親として気になることや腹の立つこともたくさんあると思います。

でも、心がけてほしいのはS君を褒めることです。

S君はいつも叱られていると思っています。

だから素直に聞くことができません。

思春期になれば、なおさら親の言うことは聞かなくなります。

まずは、S君の良いところを認め、ちょっとしたことでもいいから褒めてあげてください。


また、担任からは、普段のS君の生活面や学習面の様子を伝えた。

すると、ドクターは学校でできることについて、学年主任や同じ学年部の先生に、次のように話してくださった。


担任の先生との信頼関係はできています。

問題は、他の先生方がS君とどのように関わるかです。

できていないことを責めたり、叱ったりするのではなく、できたこと、やろうとしたことを褒めてあげてください。

S君は苦しんでいるんです。

3　アドバイスを受けての現場での教師の取り組みとS君の変化

次の日から、学年主任や同じ学年部の先生と、次のことを確認した。

①できていないことを責めない。
②すぐに叱ったり、注意したりしない。
③やろうとしたこと、できたことを褒める。
④授業の終わりの時間を守る。
⑤できるだけ「S君」と名前を呼んで声を掛ける。

早速、隣の学級や家庭科の女性の先生は次のように声を掛けてくれた。

「S君、今日の話を聞く態度、良かったよ」
「S君、体育のバスケットボールのシュート、上手だったよ」
「編み物がうまいね」

さりげなく、毎日、声を掛けてくれたのである。S君はまんざらでもない表情を見せていた。このように声を掛けてくれる先生に対しては、だんだんと表情も和らぎ、反抗的な態度も少なくなっていった。このように「褒める」ことは、S君に限らず、どの子どもにも必要なことである。子どもだけでなく、大人でも同じだ。

向山洋一氏が主張している「教えて、褒める」ことの重要性を、日本中の教師に知ってほしい。教育の根本である、と言ってもよい。褒めるといっても、口先だけでは子どもに通じない。具体的に、褒める。本人が納得することを、である。家庭科教師は、S君の良さを見つけ、具体的に褒めている。これなら、S君が喜ぶはずである。

一方で、主治医の話を聞いたにもかかわらず、態度を変えない教師に対しては、S君は次のような態度をとり続けた。

①反抗する（目をつり上げて）。
②注意しても無視をする。
③避けるように逃げる。

どの教師が自分のことをよく知っていて、教師自身が変わろうとしているか、S君には分かるのである。反対に、自分のことを認めずに、変わろうとしない教師も、S君には分かるのである。

4　S君が安定している時

S君は三月に、小学校を卒業していった。

S君が安定しているのは、やはり次のような時だった。

①褒められている時。
②認められた時。

担任として、もっともっとS君の良いところを見つけ、認め、励ましていく必要があったと痛感している。S君との出会いで、発達障害で苦しんでいる子どもを救うためには、これまで以上にドクターとの連携を強める必要があると感じた。

監修者のコメント

S君は淋しかったのかもしれません。精一杯の抵抗だったのでしょう。自分を認めてくれる人がいて、居場所（人と場所）があって、具体的にどうすればよいか分かることが必要です。このような経験が教師の間で共有できると良いですね。

あとがき

この本の中には、たくさんの宝物がうまっています。

どうやって宝物を見つければよいのでしょうか。

まずざっと読んで、共通点を捜してみる。自分から見るのではなく、子どもに寄り添って、その子と同じものを見ていくことで分かってきます。

怒るのではなく、どうすればよいか示していくことで子どもは変わっていきます。そして当たり前のことができた時に、すかさず褒めていくこと。

これが原則です。

子どもは寄り添って、ずっと見てくれている人がいればがんばることができます。

でもどうすればよいのか分からないのですから、具体的に示していきます。

理由を言えば、どう考えれば思いつくのか教えてあげれば、自分でやることができて、自信ができる。

みんなに認められて、先生にも褒められて、自信ができていく。

そんな自分を信じられる子どもを日本中にもっと増やすために、自分の子ども時代を思い出しながら読みましょう。

宮尾益知

監修

宮尾益知（みやお ますとも）

発達障害に関する日本の第一人者のドクター。

東京都生まれ。徳島大学医学部卒業後、東京大学医学部小児科学教室、東京女子医科大学、ハーバード大学神経科研究員、自治医科大学小児科学教室助教授を経て、独立行政法人国立成育医療研究センターこころの診療部発達心理科前医長、現在どんぐり発達クリニック院長。専門は発達行動小児科学、小児精神神経学、神経生理学、特に発達障害の分野では日本の第一人者。主な著書に『アスペルガー症候群　子どもたちの特性を活かす！』（日東書院）『発達障害の治療法がよくわかる本』（講談社）など多数。

企画

向山洋一（むこうやま よういち）

日本教育技術学会会長。TOSS代表。

東京都生まれ。東京学芸大学卒業後、東京都大田区立の小学校教師となり、2000年３月に退職、その後全国の優れた教育技術を集め、教師の共有財産にするための「教育技術法則化運動」TOSS（トス：Teacher's Organization of Skill Sharing の略）を始める。現在その代表を務め、日本の教育現場ならびに教育学界に多大な影響を与え続けている。執筆活動も活発で、『跳び箱は誰でも跳ばせられる』『授業の腕をあげる法則』（以上明治図書出版）をはじめ、著書は膨大な数にのぼる。

編集

谷 和樹（たに かずき）

玉川大学教職大学院教授。

北海道札幌市生まれ。神戸大学教育学部初等教育学科卒業。兵庫県の加東市立東条西小、滝野東小、滝野南小、米田小にて22年間勤務。その間、兵庫教育大学修士課程学校教育研究科にて教科領域教育を専攻し修了。教育技術法則化運動に参加、TOSSの関西中央事務局を経て、現職。国語、社会科をはじめ各科目全般における生徒指導の手本として、教師の授業力育成に力を注いでいる。著書には『子どもを社会科好きにする授業』『みるみる子どもが変化する「プロ教師が使いこなす指導技術」』（以上学芸みらい社）など多数。

ドクターと教室《きようしつ》をつなぐ医教連携《いきようれんけい》の効果《こうか》　第《だい》２巻《かん》

医師《いし》と教師《きようし》が発達障害《はつたつしようがい》の子《こ》どもたちを変化《へんか》させた

GAKUGEI MIRAISHA

2015年８月31日　初版発行
2017年６月20日　第２版発行

監　修　宮尾益知
企　画　向山洋一
編　集　谷 和樹
発行者　小島直人
発行所　株式会社 学芸みらい社
〒162-0833 東京都新宿区箪笥町31 箪笥町SKビル3F
電話番号 03-5227-1266
http://www.gakugeimirai.jp/
E-mail : info@gakugeimirai.jp
印刷所・製本所　藤原印刷株式会社
ブックデザイン　荒木香樹

ISBN978-4-905374-86-2 C3037

学芸みらい社の既刊

日本全国の書店や、アマゾン他のネット書店で注文・購入できます！

いま特別支援教育で教師と医療現場との連携が重要だ！
全国の学校教師・医師保護者・行政、必読！ 必備！

監修 宮尾益知　発達障害に関する日本の第一人者のドクター
企画 向山洋一　日本教育技術学会会長・TOSS代表
編集 谷 和樹　玉川大学教職大学院教授

ドクターと教室をつなぐ医教連携の効果 第一巻
医師と教師が発達障害の子どもたちを変化させた

A5判　192ページ　定価：本体2000円(税別)
ISBN978-4-905374-42-8 C3037　学芸みらい社

- 教室のガラスを粉々に割ってしまう子
- 筆を振り回して教室中を墨汁だらけにしてしまう子
- 毎日のように友達に暴力を振るう子
- 指示すると必ず「やりたくねー」と言い返す子

毎日のように生じる出来事。また引き起こす子供たち。子どもたちにどう共感し、またどう指導していけばいいのか。ドクターとの研究会で学び、はっきり見えてきたものがある！

学芸を未来に伝える
学芸みらい社
GAKUGEI MIRAISHA

株式会社 学芸みらい社
〒162-0833 東京都新宿区箪笥町31番 箪笥町SKビル3F
TEL 03-6265-0109(営業直通)　FAX 03-5227-1267
http://www.gakugeimirai.jp/
e-mail info@gakugeimirai.jp